SOCIÉTÉ

DES

BIBLIOPHILES NORMANDS.

14

N° 57.

—

MINISTÈRE DE L'INSTRUCTION PUBLIQUE.

MISCELLANÉES

—

PIÈCES HISTORIQUES ET LITTÉRAIRES

RECUEILLIES ET PUBLIÉES

PAR

PLUSIEURS BIBLIOPHILES

ROUEN

IMPRIMERIE DE HENRY BOISSEL

—

M.DCCC.LXXVII

VERS

EN L'HONNEUR DE L'AMIRAL DE GRAVILLE,

1492.

———

Louis MALET sire DE GRAVILLE, d'une des plus anciennes et des plus illustres familles de Normandie, joua un rôle fort important dans les affaires publiques sous les règnes de Louis XI, de Charles VIII et de Louis XII.

Il fut, pendant plusieurs années, lieutenant général pour le Roi en Normandie. Pourvu, en 1486, de la charge d'amiral de France, il s'en démit, en 1508, en faveur de son gendre Charles d'Amboise sieur de Chaumont, et s'y fit rétablir en 1511. Il mourut à son château de Marcoussis, le 30 octobre 1516, et fut enterré en l'église des Cordeliers de Malesherbes qu'il avait fondés.

Il se montra, en toute circonstance, très affectionné à sa province natale, notamment, en 1492, dans un différend qui s'éleva entre le Parlement de Paris et les Normands. Voici à quelle occasion.

Pierre Le Roux, chanoine d'Evreux, en contestation avec un nommé Gilles Le Forestier, pour la prébende du Plessis-Grohan, fut saisi par des sergents, auprès du prieuré de la Saussaye, et mené *embaillonné* à la conciergerie du Palais, en vertu d'un mandement du Parlement de Paris, obtenu sur la requête de sa partie adverse. C'était une violation flagrante des priviléges de la Normandie, une usurpation, des mieux qualifiées, sur la juridiction de l'Echiquier qui déjà avait connu de la cause.

L'irritation fut grande dans les tribunaux, dans les chapitres, et

peut-être, plus que partout ailleurs, à l'Hôtel-de-Ville de Rouen
Le duc d'Orléans, pour lors gouverneur de la province, prit l'affaire
chaudement. Il alla jusqu'à dire que, par représailles, « on devroi
mettre la main sur ceux du Parlement de Paris, et que lui-même y
aideroit. » L'amiral de Graville, retenu au lit par la maladie, à la
première nouvelle de l'attentat, promit d'aller trouver Charles VII
et de lui demander justice. Comme si l'on se fût trouvé en face d'un
péril imminent et d'une extrême gravité, il se fit une convention
extraordinaire et qui ne paraît pas avoir été parfaitement légale, des
Etats de plusieurs des bailliages de Normandie. A l'assemblée pro-
vinciale du mois d'octobre 1492, l'arrestation de Le Roux fut naturellement un des objets principaux des délibérations. Une députation
fut nommée pour porter au Roi les plaintes de la province, pour
réclamer, au nom de tous, une prompte et éclatante réparation, e
pour dénoncer, en même temps, certains abus dont on sollicitait la
réforme. Les délégués admis à la Cour obtinrent de bonnes paroles,
comme on le voit par le récit que fit, le 1er décembre, à l'Hôtel-de-
Ville, Nicole Grenier, pénitencier de la cathédrale, l'un des délégués.
Il ne manqua pas de rappeler les bons offices de M. de Bourbon,
ceux de M. d'Orléans, et en première ligne ceux de M. l'amiral, lequel
« en leurs fais et affaires, les avoit secourus et estoit LE PÈRE DU
PAYS. »

Vers le même temps, les conseillers de Rouen avaient sollicité
l'intervention de l'amiral pour être dispensés de prêter au Roi une
somme de 15,000 l. Ils ne purent toutefois s'en faire décharger.
L'amiral dut leur avouer « qu'ils avoient peu d'amis en Cour et que,
lorsqu'il parloit pour les soutenir, il estoit contrarié de tous les autres
de la maison du Roy. »

Il ne faut pas croire que les difficultés auxquelles avait donné lieu
l'arrestation de Le Roux furent aplanies aussitôt après la réponse
du Roi au cahier des Etats. Ce chanoine demeura quelque temps
encore en prison pour refus de bailler caution. Il y eut plus. Les
gens du Parlement, ayant été informés de la présence à Paris, parmi
les délégués provinciaux, de Robert Alorge, procureur syndic des
Etats de Normandie, le firent comparaître devant eux sur la sellette
des grands coupables, et lui firent subir un interrogatoire pour s'être

présenté aux assises du Pont-de-l'Arche, y avoir requis que les seigneurs de la Cour fussent appelés à ban et que leurs héritages fussent saisis en la main du Roi. Ils le firent enfermer, à la conciergerie, dans un sombre cachot, où il se trouva en compagnie d'un criminel qui avait voulu livrer Brest aux ennemis de l'Etat. Il est vrai qu'ils ne l'y laissèrent que quelques heures, et qu'à la suite d'un nouvel interrogatoire, ils le firent mettre dans une chambre particulière près du préau, le long des galeries. Par aventure, le Roi sortant de diner au Palais, passa par là, vers trois heures de relevée, et si près du malheureux procureur syndic, que celui-ci put lui adresser la parole et lui exposer son infortune. Le Roi le délivra et le remit entre les mains du maréchal de Gyé qui, le traitant avec toute sorte d'égards, le mena voir « les ébatements des jeux de la Basoche avec les dames et les demoiselles de la Cour. » Peu de jours après, Alorge était en pleine liberté. Une seconde fois il aborda le Roi au Palais. Charles VIII s'entretint avec lui de la manière la plus aimable. Il le prit par le collet à la descente du degré de la Sainte Chapelle et le mena, étant sur sa mule, jusque sur le Pont-aux-changeurs, « lui parlant du prêt des 15,000 l. et aussi de la régale et que ceulx du Parlement lui en faisoient grant peine. »

Ces faits n'étaient pas de nature à calmer l'animosité des Normands contre le Parlement de Paris. Aussi, au mois d'octobre 1493, lorsque le Roi envoya quelques membres de cette Cour avec le titre de ses commissaires pour tenir la convention des Etats, nos députés furent-ils unanimes pour les récuser. Il leur paraissait d'une suprême imprudence de confier les secrets du pays à des hommes aussi mal notés. Ils les accusaient de vouloir l'entière abolition d'un Echiquier rival de leur Parlement, d'en avoir parlé comme d'une juridiction *municipale, subalterne, plébéienne*, d'avoir mis en doute la fidélité des Normands, d'avoir osé dire que, lors de la réduction, ils étaient devenus français malgré eux.

Ces difficultés donnèrent lieu à de nouveaux voyages, à des négociations délicates et ardues, dans lesquelles les conseils et le crédit de l'amiral leur furent grandement utiles. Ils eurent sujet de le reconnaître par la réponse qui fut faite à leur cahier. Ils obtinrent décharge d'une somme de 30,000 l. Ce n'est pas qu'il n'en eût coûté

à la ville de Rouen certains cadeaux qu'elle ne paya pas sans quelqu'
regret. M. Des Roches reçut une demi-douzaine de tasses d'argent
La femme de Thomas Bohier, général des finances, eut, pour sa part
4 aunes d'écarlate. L'amiral de Graville, auquel on avait tant d'obli-
gation, se montra plus désintéressé. Il ne voulut absolument rien
accepter. Au registre des délibérations, on ne manqua pas de men-
tionner un fait de si bon exemple et malheureusement trop rare.

C'est, croyons-nous, aux services rendus à notre province, en 1492
par Louis de Graville, qu'il est fait allusion dans la pièce de vers qu
nous publions. Elle tire son principal intérêt des événements auxquels
elle se rapporte; et bien qu'elle renferme une ou deux strophes assez
heureusement tournées, nous n'en avons proposé la publication qu'en
la considérant comme un document historique et non comme un
morceau littéraire. Elle est insérée, à la suite de la Chronique de
Normandie, sur des feuillets restés en blanc, dans le ms. Y 26 de 1
Bibliothèque de Rouen.

Cette introduction nous paraît déjà bien longue, et pourtant nous
ne croyons pas pouvoir nous dispenser de rappeler, à l'honneur du
héros de cette petite pièce, que, par son testament, Louis de Graville
rendit au Roi les domaines de Melun, de Corbeil et de Dourdan, en
le suppliant de décharger de la somme pour laquelle ces domaines
lui avaient été engagés (90,000 l.) les bailliages du royaume les plus
chargés d'impôts, afin que ce legs tournât au soulagement du peuple
(Anselme, *Hist. gén.*, vii. p. 66.)

Ch. DE B.

LA RESSOURCE DE NORMENDIE
TOUTE PLATE, CRY: QU'ON M'EN DYE.

E^N perfcrutant des fins occidentalles
Plufieurs erreurs & fins accidentalles,
Cicatriceuzes & par trop ambigues,
Invectives illufores, mentalles,
Contre tous drois, raifons & decretalles,
Dont les clameurs penetrent juc aux nues,
Je fuz ravy par penfées ardues,
En contemplant telle voye & metode.
Tout revertift en certain periode.

Il me fembla, que ainfy fuz ravy,
Que Normendie à deux genoulx je vy
Devant juftice, angoifeuffe & eftrainéte,
Le viz em bas, trifle, mort & pally,
Les membres las, le corps mat & failly,
Comblée en deul & en trifteffe tainéte;
Elle ne peuft faire longe complainte,
Tant fon courage eftoit meu de pitié.
Au grand befoing voit-on vraye amytié.

Normandie fe print à dire : « Hellas !
« Où eftes vous mes amys & prelats?
« Donnez fupport à ma doulleur amere.
« Nobles marchans, eftes vous mors & las ?
« Ne me laiffez tomber dedens ces las,
« Ayez pitié de votre povre mere.
« L'on en veult faire une orrible chimere
« Et vous rendre plus petis que formis.
« *L'on defait toft gens qui font endormys.*

Alors feurvint le fieur de Graville
Qui ne fouffre jamais que l'on aville
Les dignités & libertés normandes,
Car il garde maint havre, bourg & ville
D'oppreffion criminelle ou civille
Et preferve d'exactions moult grandes.
Il eft prudent pour difperfer telz bendes ;
Car il ne crainct fer, fuft, papier ou encre.
Un bon patron fçait bien pofer à l'ancre.

Lors s'adrefça au roy très creftien,
De juftice confierge & gardien,
En proferant mainĉte noble parolle,
Luy fuppliant que, pour le commun bien,
Fut obfervé le bon droit ancien

Sans innover aucune monopolle.
Vous euffiés dit que c'eftoit Publicolle
Qui procuroit pour tout le bien de Romme.
Il n'eft trefor que d'un vertueulx homme.

Si ce qu'on dit eft par effect parfait
Et qui ne foit par ung defait deffait,
Il convendra que Normendie mendie.
Mais fe à Dieu plaift, tout ce fort fait forfait
Sera de brief contrefait & reffait,
Quelque chofe que l'on die ou conduye.
Dieu qui tous biens expend, ftipendie
Tous telz bricqueurs bricquans de bricque en bricque.
Qui point Normans o la picque on le picque.

Vaillans Normans, foyez tous unanimes,
Fors, vertueulx, conftans & magnanymes,
En deffendant vos loyaulx fanctions
N'ayés jama·s les cœurs pufilanymes,
Gardés vos droitz, grans, moyens & mynimes,
Couftume, ufage & conftitucions;
Ne tollerés vous faire oppreffions
Ne revocquer votre noble efchiquier.
Point n'eft à fceur qui fe veoit efchequier.

Le très bon roi, par fon noble voulloir,
N'a pas fouffert itelz facres voller,
Car trop en hault fe feuffent efforez.
Mais la chartre normande a fait valloir
Confermant ce qu'on voulloit ravaller.
Par champs, par prez, par eaues & foreftz
Ces bons Normans a rendus affeurez
Qu'on cuidoit meĉtre en trop piteux courroy.
Bon fait fervir loyalement fon roy.

Les eftrangiers qui veulent normander
En Normandie & Normans gourmander
Tirent ailleurs faire leurs entreprinfes.
En demandant ont voulu comander
En commandant ont voulu demander,
Plufieurs chofes en leurs efcriptz comprinfes.
Dorefavant font leurs erreurs reprinfes,
Par bons zeles & vertus admiffibles.
Normans unys font toujours invincibles.

Pere aux Normans, noble & hault admiral,
Leur proteĉteur, leur efcu marcial,
Benoîft foit-il qui prira Dieu pour vous!
O Scipion, vous gardés Hanibal
Qui ne marcheffe à pié ne à cheval

Sur les Normans pour ruer de ſes coups.
Vos anceſſeurs les ont amés treſtous
Qu'on n'euſt oſé leur faire vitupere.
Le bon enfant tient des meurs de ſon pere.

Puyſque ainſi va que nos emulateurs,
Simulateurs, fiȼtifz adulateurs,
N'ont ſceu leur vueil inique executer,
Nous demourons vainqueurs debellateurs,
Unys en paix par nos bons zellateurs.
Tant ſauchent-ilz leurs cayers perſcruter !
De notre chartre on nous cuydoit frustrer;
Mais, quoy qu'il ſoit, noz droiz ſeront admiz.
Dieu pourveoie à ſes bons amys.

Prince éternel, regnant en haulte gloire !
Glorifié ſoiés de la grant viȼtoire
Vertueuſe de noz perſecuteurs !
Perſecutez & mis eſtions de fore;
Forcer noz droiȼtz cuidoient par acceſſore,
Et ſe n'euſſions pourveu de bons tuteurs,
Tolus euſſent noz lois par ſeduȼteurs,
Seduitz, enclins mal nous improperer.
Servir à Dieu fait en bien proſperer.

———

RÉCIT

D'UN VOYAGE FAIT EN COUR

Par les délégués des Etats de Normandie.

Affemblée faicte en l'oftel commun de la ville devant fire Pierre Daré, lieutenant général de M^r le bailly, le famedi premier jour de décembre 1492, pour ouyr ce qui a efté faict par M. le pénitancier de Rouen, Mr du Frefne, Mr de Saint-Germain, Jehan Bourgeville & Me Jehan Bonnel, ordonnez par les Eftatz pour requiftre les provifions qui avoient efté requifes aux Eftatz.

Premièrement dit que M^r l'admiral en leurs faiz & affaires les a fecourus & eft le père du païs.

Dit que M^r d'Orléans leur a fecouru & aidé humainement & de bon cueur & follicité le Roy en leurs affaires, & pareillement M^r l'arcevefque de Nerbonne.

Dit que M^r d'Orléans leur a donné par plufieurs fois à difner en actendant de parler au Roy.

Dit que [par] M^r d'Orléans, Mr de Bourbon, M^r l'admiral & autres feigneurs les lectres furent préfentées & leues, & contenoient crédence qu'ilz expofeoient & demandoient les provifions fur les articles.

Le premier eft : Si eft que avez fait empruns, lefquelz ne ont point efté rendus, & fi avez cueilli vi^{xx} xv^m l. contre la Chartre, & que autreffois le païs foit adverty affin de donner confentement. — Au premier fut refpondu que les defcharges font levez & paiées, & auffi a donné lectres que au temps à venir aucuns deniers ne feront cueilliz fans appeler le païs.

Dit que aux bénéfices y foient pourveuz ceulx du païs, & que les offices de judicature ne foient plus baillées afferme & à gens qui n'y favent riens, & que les officiers faffent la main forte, & les vi^{xx} lances de Normandie obéiffent aux juges. — Le Roy a voulu que les bénéfices foient donnez etc... les offices ne foient pas baillez à ferme, & fi a voulu que les vⁱᵃˣ lances foient en aide aux juges & facent la main de juftice forte.

Dit que, au fait des gens d'armes, ilz contraignent les gens des villages à leur bailler foin & avoine à mendre pris que le marché, & bien fouvent n'en paient riens, & quant ils avoient efté logez en aucun logeis contraingnent à prendre cedulles. — Le Roy a donné lectres adrechans aux bailliz & cappitaines en faire la pugnicion.

Dit que, [pour] la diftracion des caufes touchant maiftre Pierre Le Roux, le Roy leur a dit qu'ilz ne obéiffent à quelque mandement donné de la Court de Parlement, & que, fe ilz euffent prins pieça aucuns de Paris, Le Roux euft efté rendu, & le corps du dit Le Roux ont efté ramener, & Madame de Dunois n'a eu lectres finon pourveu que ce ne foit contre la Chartre aux Normans.

Pour Chalenge, le Roy a ordonné & par lettres envoiées à fire Jacques de Croifmare, que il en face juftice comme lieutenant de Mʳ le Senefchal. Au fait de Mʳ de Coutances, le Roy veult que la caufe demeure par deça.

Dit qu'il a dit au Roy qu'il a foifon de gens aufquelz il donne grandes penfions, & le prent fur fon peuple, qui ne doit faire. Robouan filz Salomon convoca les faiges pour gouverner fon peuple, & ne les voulut croire, & creut les jeunes; auffi il devint mefchant.

Dit qu'il eft mandé aux bailliz faire cueillir le demaine forain ès fins & extremitez, ainfi que les lectres le contiennent, & auffi au treforier reffaire les ponts & halles.

Dit que, au fait des efpices, il a efté accordé par le Roy que on s'en puiffe fervir & en aller en eflevant, comme ilz ont accouftumé, & ne fault point donner d'ajonction à ceulx de Paris & Lyon, car on pourroit plaider hors.

Dit que, [pour] le traicte des blez, a efté deffendu que nulz n'en chargent fans congié.

Dit que la Refferche eft une chofe immortelle, car ceulx des autres

8

généralitez rompent & empefchent l'effect d'icelle & ufent d'appellatio
& eft requis demourer au vᵐᵉ, ainfi qu'il a efté autres fois requis.

Il a efté appointé que, dedans le premier jour de mars, de chacu
générallité, il y aura iiii. commiffaires & le greffier devers le Roy, guer
des efcriptures, pour y faire décifion, & confeillé que avec ce il y ait u
bonne ambaffade à fouftenir la droicture.

Dit qu'il y a lectre qui a efté leue, laquelle contient les provifio
obtenues, &, ce fait par les gens d'églife, nobles & autres affiftans, a ef
par la bouche de Mʳ le lieutenant général Pierre Daré, fait la regraciaci
& mercier de la peine qu'ilz ont prinfe pour le pais, & ont apporté lectr
pour envoyer ès généralités, lefquelles ont efté envoiées par la delib
racion de tous les affiftens, & ont dit les dits déléguez que le R
leur a deffendu que ou temps à venir on ne face aucun don ou octr
fans fon confentement, & qu'il n'en feroit point content, & notez q
ce a efté pour le don fait à Mʳ d'Orléans de xiiiiᵐ l. que le pais lui
donnez pour les paines qu'il a prinfes l'année paffée.

(Extrait des délibérations de l'Hôtel-de-Ville de Rouen, aux Archiv
municipales.)

LE VŒU A LA ROYNE,

PAR NICOLAS FILLEUL, DE ROUEN.

———————

M. Eugène de Beaurepaire a publié, il y a quelques
années, avec un soin tout à fait digne d'éloges, *le
Théâtre de Gaillon à la Royne*, par Nicolas Filleul, de
Rouen. C'était, a dit avec raison notre savant confrère,
la plus importante et tout à la fois la plus intéressante
partie de l'œuvre du vieux poète rouennais; glanant
timidement après l'habile éditeur de Filleul, nous avons
trouvé et nous publions à notre tour le *Vœu à la Royne*,
du même auteur.

Quelques vers vraiment inspirés, quelques descrip-
tions heureuses au milieu d'une poésie que nous n'hési-
tons pourtant pas à reconnaître parfois un peu longue et
diffuse, le charme surtout qui se trouve dans l'étude de
ces rares livrets longtemps négligés, nous ont encou-
ragés à cette réimpression.

Quoique le *Vœu à la Royne* ne porte point de nom

d'imprimeur, il n'y a nul doute à avoir qu'il soit sort
comme le *Théâtre de Gaillon*, des presses rouennaises
Georges Loyselet; le format petit in-4o, la typographi
la lettre ornée du commencement, la tête de chapitre,
petit ornement du titre et de la première page, tou
rappelle le volume de 1566.

Nous avons suivi page pour page exactement, scrup
leusement, l'édition originale. L'exemplaire qui nous
servi est celui portant au catalogue de M. l'abbé Colas l
nº 1944 (vendu dérelié 40 fr.); il nous avait été obl
geamment communiqué avant l'adjudication.

A défaut d'autre mérite, cette modeste publication
on le voit, resterait encore pour chacun de nous un pieu
souvenir.

C. L.

VOEV

A LA ROYNE.

Par Nicolas Filleul,
de Rouen.

M. D. LXVIII.

VŒV

A LA ROYNE.

Par Nicolas Filleul.

SI i'auois des ieuneſſe apris auec la
[main
D'animer les tableaux, ou de fon-
[dre l'airain,
I'euſſe fait du pinceau & du burin
[reuiure
Ja mainte belle image en couleurs,
[& en cuiure,
Pour la monſtrer au peuple, ou le
[Troien Francus
Quittant les bords du Xanthe & Pergame vaincus,
Vint baſtir vne ville au riuage de Seine,
Et audeſſous du Louure, ou ce fleuue r'emeine
Ses ondes a Tethys, de rang i'eleuerois
Les images de ceux qui ont eſté nos Rois,
Ces enfans de Francus d'Hector race diuine,
Et aupres de Henry on verroit Catherine :

A 2

Mais pource que cela que l'Artiſan humain
Forge de ſon labeur eſt periſſable & vain
Fragile & inconſtant, & des hommes qui meurent
Les ouurages long temps apres eux ne demeurent ;
Il vaut mieux aporter la matiere des Cieux
Pour decorer ceux-la qui s'égallent aux Dieux.

Je veux donques aller, quand la bande ſacree
Des Muſes ballera ſous la freſche ſeree,
Au ſommet d'Helicon, ou auec ce tropeau
Phœbus touche ſa harpe, aux acors du ruiſſeau
Que Pegaſe en ſautant, & volletant de l'aiſle
Fait ſourcer ſous ſes piez, d'vne veine eternelle.

J'aprendray les acors que ſes doigts ſonneront,
Je retiendray les vers que les Muſes diront,
Et ſi ie voy ramer ce Cheual contre terre
De ſes aiſles raʒant l'herbe, i'yray grand erre
Luy oſter vne plume, afin d'aiſler mon vers
Et faire leur renom voller par l'vniuers,

Toutesfois ie diray deuant toute autre choſe
Catherine que i'ay dedans le cœur encloſe :
Car les Muſes n'ont rien, ne Phœbus plus a gré
Que d'vn graue fredon ſonner ſon los ſacré,
Et leurs vers non ingras, publient qu'ils luy doiuent
L'honneur que des François ces deéſſes reçoiuent
Qui banies vn iour des ombrageux coſteaux
Du Pinde & de Parnaſſe, & quittant les ruiſſeaux
D'Aganipe & d'Eurote, ou l'Jgnorance a l'heure,
Par vn malheur fatal, conqueſtoit ſa demeure,

Erroyent

Erroyent auec Phœbus qui auoit reietté
Sa Harpe fus le dos, & portoit au cofté
Son arc, & fon carquois, fans qu'il euft plus courage,
Tant le defdain auoit a ce dieu fait d'outrage,
Ne d'accorder vn vers du pouce auec la voix,
Ne pour courber fon arc, prēdre vn trait du carquois.
   Prefque de l'vniuers ces Deéffes fuitifues
Vindrent en vne prée ou Arne enceint fes riues
De peupliers cheuelus, & virent fus le bort
Cofme, qui en douceur, en geftes, & en port,
Pour Mercure euft efté pris de ces immortelles,
S'il euft eu aux talons, & au chapeau des aifles,
Le coutelas au flanc, le caducet es mains,
Dont il conduit l'efprit dans les membres humains,
Et dont, apres qu'il a quitté ce tombeau vuide,
Aux champs Elyfiens en repos le reguide.
   Cofme de bon acueil les Mufes careffa,
Et dans vn antre ofcur vn autel leur dreffa,
Ou les doctes venoyent, comm' vn effain d'Abeilles
Pille au Printemps le miel deffus les fleurs vermeilles,
Pour cueillir, cependant qu'elles y ont efté,
La mielleufe moiffon de leur fecond Efté,
Dont foulloyent a loifir leurs ames genereufes,
Et beuoyent a longs trais les ondes fauoureufes,
Qui bouilloyent en randons, des monumens facrez
Des vieux peres Latins, & des vieux peres Grecs,
Iufqu'a tant que des bras de la Nymphe Florence,
François race des Dieux, les amenaft en France.

Arne fus fes enfans cefte Florence aimoit,
Et digne de garder les Mufes l'eftimoit,
Pour les donner vn iour a fa fille en partage,
Qui croiftroit dans fes flangs la perle de fon age :
A qui ce grand François vn iour couronneroit
Les cheueux, pour loyer qu'elle luy meneroit
Ces deéffes en don, dont fa France honoree,
Sus toutes nations il verroit decoree.
   Mais apres qu'il alla s'affoir entre les Dieux
Pour éclairer fus nous d'vn Aftre radieux,
Quant Henry fouftenoit fus fes larges efpaules,
Comm' Atlas fit le ciel, les belliqueufes Gaules,
Mars qui en trope vit les doctes s'affembler
Aupres ce faint tropeau, s'arma pour le troubler,
Et auec Enyen de fureur irritee,
Vint l'Europe embrafer de guerres agitee.
   Cefte rage euft le cœur des Mufes eftonné,
Qui euffent de fraieur la France abandonné :
Mais Pallas, qui la force auec confeil modere,
Qui iette bien la hache, & d'vn regard féuere
Branle au poing fa Gorgone horrible, recula
Mars, qui pour luy ceder, de France s'en alla :
Ainfi elle dreffa en égalle balance
L'Eftat du grand Henry, par force, & par prudence,
Et les Mufes tandis qu'ils refterent en Paix,
Ont efleu leur feiour en France pour iamais.
   Mais apres que Henry, par victorieux geftes
Receut le nom de Dieu de la voix des celeftes,
                                    Qu'encore

Qu'encore tout armé ils vindrent appeler,
Craignant que les Geans n'allaſſent eſcheler
Le Ciel, pour eſchelons mettant roche ſus roche,
Ce ſaint tropeau veſuier de protecteur, s'aproche
Aupres de Catherine, et Clio aux noirs yeux
Coulle comme miel roux ces propos gracieux
    Ce n'eſt point des humains l'acueil, qui ne no' traitte
Sinon que de deſdain, de faintiſe, et ſouffrete,
Qui nous retient cy bas, car or que de bon cueur,
Comme nous meritons, ils nous fiſſent honneur,
Ceſt honneur ſeroit peu, au regard des richeſſes
Que nous auons au ciel, nous qui ſommes deéſſes :
    Mais Jupiter, qui a en horreur les pechez
Qui d'erreurs tant diuers ont les hommes tachez
Nous fait venir icy, pour leur montrer a viure
Sous Vertu, quel ſentier il leur conuient enſuyure
Toutesfois ſans apuy il ne nous a laiſſé
Car Phœbus qui nous mene a touſiours adreſſé
Mes ſœurs aueques moy, comm'en retraite ſeure
Vers ceux qui ont du Ciel quelque faueur meilleure :
Pourtant il nous mena iadis chez tes ayeux,
Qui pour cela ſembloyent aux hommes eſtre Dieux.
Toy de ſi bons ayeux bonne ſemence, embraſſe
Ainſi que tu as fait, de Jupiter la race.
    Cent Nymphes nous auons, qui toutes ont eſté
Conceues en cent ans d'Honneur, & de Beauté,
Race digne du ciel, dont trois pour recompenſe
De cherir ce tropeau, mettrons en ta puiſſance.

Victoire la plus belle a ton Charles sera,
Et Henry en apres Sagesse choisira.
Ton Hercule François élira la Prouësse.
Et tousiours tu seras sus ces Nymphes maistresse.
  Ainsi parlait Chlio, & Catherine alla
Ces Muses recueillir, que toutes accolla,
Les cherissant ainsi que Memoire leur mere :
Et comm'on voit au soir la gente Metaiere
Attendant sus le seuil son mary en hyuer,
Qui lassé, & mouillé, doit des champs arriuer,
Si tost que geindre ell' oit l'esseuil de la charuë,
Et le coutre heurter les caillous de la ruë,
Elle depend du croc ce qu'ell' a apresté,
Met du bois au fouyer, afin qu'il soit traité
De cela, qu'a grand soin ell' épargne au menage,
Et d'atrais amoureux sa lasseté soulage :
Ainsi quant elle vit le si peu de faueur
Qu'auoit receu Phœbus, & voyant de malheur,
L'Ignorance, l'Orgueil, l'Erreur, les Jalousies,
Des hommes aueuglez armer les fantasies
Contre le saint repos, de l'acueil qu'elle peult,
Donnant espoir de mieux ; les neuf Muses receust :
Tandis de ses enfans qu'on verroit meurir l'age,
Qui croissoyent tout ainsi qu'vn voit dās vn boscage
Les mollets reiettons rebourionner du tronc
D'un vieil Chesne touffu trebusché tout du long
Qui couuroit vn tropeau en prenant sa pasture,
Des flames de l'Esté sous sa fraische verdure.

                                              Le berger

Le berger non ingrat eſt de planter ſoigneux
Vne haye alentour, d'Eglantier eſpineux
Pour garder que les Boucs gloutonnement ne broutent
Les mielleux bourjons qui au Printemps reboutent,
Ils croiſſent, & d'vn Cheſne en bref s'éleue vn bois,
Qui ombrage en apres cent tropeaux a la fois.
  Dites quelle de vous, Parques, fait que d'Enuie
Fortune ſoit ſans ceſſe au combat pourſuyuie?
Qui n'a iamais quelqu'vn de bon œil regardé,
Que l'Enuie ſus luy n'ait auſſi toſt dardé
Ses trais, l'empoiſonnant de la peſteuſe aleine
Du venin des ſerpens, dont ſa poitrine eſt pleine.
  Car comm'on voit alors que le gay vendengeur
S'apreſte pour coupper le Raiſin qui eſt meur,
La greſle, que les vens en fureur ont laſchee,
Abatre au pied du Cep la vendange eſcachee
Ainſi quand vous penſez, poures Muſes, cueillir
Quelque fruit, auſſi toſt vous le voyez faillir
Que vous tendez la main, cependant l'Eſperance,
Miſerable tourment, nourrit voſtre ſoufrance,
L'Ignorance tandis qui ſus vous entreprend,
De tous preſque éleuee, admirable ſe rend,
Rampant dans les ceruaux des hommes qu'ell' abuſe
Mais France la verra en bref fuire confuſe,
Et des yeux aueuglee, aupres voſtre clarté,
Souffrir mille tourmens pour ſa temerité.
  Ainſi quand le Soleil les vapeurs de la terre
Enflame de rayons, le vagabond tonnerre

B

Toupine dans la nue, & roullant en fureur
Par le ciel empoiſſé élance ſon horreur,
D'eſtincelans éclairs il faict la nuict reluire,
Et dans l'orage eſpais, pour le faucer les tire,
Et fait creuer de feu la nuë a ſes coſteʒ,
Qu'il darde pour punir les crimes des Citeʒ,
  Auſſi i'ay veu Phœbus, a la teſte doree,
Qui portoit ceinte au flanc ſa trouſſe decoree
D'eſcailles de Dragon, qu'alentour atacha
Aueques des clous d'or, quant il les arracha
De la queuë a Python : & d'vne œillade douce
Ce Dieu m'a regardé, & a pris dans ſa trouſſe
Des trais a plaine main, qu'en don il m'a baillé,
Et a de ſon Laurier tout autour tortillé.
  Je les porte émoulus touſiours deſſous laiſſelle,
Pour les ficher aux flancs de la Lyſſe cruelle,
Ceſte Jgnorance, alors que les Muſes iront,
Et de l'arc de Phœbus ſus elle tireront.
J'oy leurs trais laiſſant l'arc de la coche d'yuoire,
Sifler de l'empanon annonçant la victoire
De ce monſtre deffait, couché mort a l'enuers,
Et le nom de nos Rois bruire par l'vniuers,
Je voy leurs pointes d'or luire dans la nuee
Qui des hommes ſerroit la paupiere engluee
D'vn ſommeil pareſſeux, ie veux ſoudart aller,
Pour du monſtre de fait les tropes reculer,
L'Erreur, Preſomption, et l'Oubly, qui eſpie
Oſter aux vertueux les beaux fais de leur vie

                                                      Ceſte

Cefte fureur me poingt, en outre ie fuis feur
De r'aporter au front du combat quelqu' honneur,
I'ay les armes au poing, i'atens que Catherine,
D'vn clin d'œil feulement, pour fignal m'achemine.
Comm'vn Cheual guerrier, furieux, & difpos,
Qui fe panade au camp la felle fus le dos,
Quant il oit le Cleron, haut, bondit, & ruĕ,
Et redreffant l'oreille efchapper s'euertuĕ,
Il efbranle fes crins, & d'vn cœur genereux,
A defia de fueur tout le corps efcumeux.

Si on le tient long temps en refne fans combatre,
On le voit fus le col fa perruque r'abatre,
Tirer la langue embas, l'oreille rabaiffer,
Les iambes affembler, & par les flangs pouffer.
A l'heure fes coftez en vain en efperonne,
Car il deuient recreu, & le cœur l'abandonne.

Ainfi il faut alors que la fureur feduit
Nos efprits, que d'enhaut quelque Dieu y conduit,
Venir vite cueillir cefte fleur de Ieuneffe,
Car ce faint aiguillon auec l'age nous laiffe,
Et combien que le cueur fut courageux & chaut
L'artere fe reftraint, & le poumon defaut.

Les Mufes mefmement volontiers ne s'adonnent
Compagnes a ceux-la dont les cheueux grifonnent,
Auffi Phœbus eft peint ieune, Mercure encor
Ne frize fon menton que d'vn petit poil d'or

Toutefois la Vertu qui a creu des l'enfance
Au cueur de ce grand Roy, l'honneur des Rois de France

Qui *surpaſſe* le Grec Nirée de beauté,
Et le *ſage* Neſtor en *meure* grauité.
Ceſte Royne ou le Ciel a ſes vertus encloſes,
Qui fleuriſſent ainſi que belles fleurs decloſes.
Ce Henry, qui deſia Achille a ſurmonté,
Portant dans vn beau corps vn courage indomté,
Et ce gaillard François, que France voir eſpere
Contre ſes ennemis vn Hercule proſpere,
Plus que ne fait Phœbus, touſiours eſchauferont
La poitrine de ceux qui leurs faits chanteront.
   Soit donc que des beaux vers mon Printēs épaniſſe,
Soit que l'Hyuer de neige a mes cheueux blanchiſſe,
I'iray d'vn cueur gaillard ſaintement agité,
Grauer leurs faits aux pieds de l'Jmmortalité.

Le vray discours de la surprinse et reprinse du Mont-Saint-Michel advenue le 22 juillet dernier passé devait, dans la pensée de ses éditeurs, faire d'abord partie du recueil de pièces relatives à la *Prise d'armes* de 1574.

C'est, en effet, sous cette date de 1574, que le classe le catalogue de la Bibliothèque Nationale, et que le rapporte M. Ed. Frère dans son *Manuel du Bibliographe Normand*.

Une autorité plus récente, celle de M. G. le Hardy, dans son *Histoire du Protestantisme en Normandie*, le rattache à la même année. (1)

Cependant un examen plus attentif ne nous a pas permis de le ranger dans cette série.

Nos doutes se trouvaient fortement excités par l'opinion de l'abbé Desroches (2), qui l'attribuait à l'année 1577, d'après « *l'annaliste du Mont Saint-Michel*», et par celle de Delalande qui

(1) P. 272.
(2) *Hist. du Mont-St.-Michel*, T. II. p. 218.

acceptait cette fixation. La Popelinière au contraire, et un grand nombre d'historiens après lui, l'attribuaient à une date intermédiaire, celle de 1575.

On lira, dans l'intéressante introduction dont M. E. de Beaurepaire a fait précéder son édition de *La prinse du Mont-Saint-Michel de Jean de Vitel* » (1), les raisons décisives qui doivent faire préférer la date de 1577. Nous croyons cependant que, sur deux points, les rectifications, qu'il propose aux détails donnés par La Popelinière, ne sauraient être acceptées; notre plaquette, que ce dernier écrivain avait certainement sous les yeux lorsqu'il composait son histoire, les tranche d'une façon péremptoire.

Le premier est l'assassinat du prêtre qui aurait dit la messe pour les compagnons de du Touchet; M. de Beaurepaire hésite à l'admettre et croit pouvoir expliquer l'erreur, où l'on serait tombé à cet égard, en se livrant à une interprétation du texte de La Popelinière. Si ce texte est amphibologique, celui de notre plaquette ne laisse aucune prise au doute, il s'exprime ainsi :«...et « ce que je trouve plus meschant, ne pardonnèrent pas mesme au « pauvre prestre qui avait chanté la messe pour eux, aagé de 60 ans « ou environ, qui eut un coup de dacguer dans la poitrine et un « autre dans la joue, les coups toutes fois, graces à Dieu, ne sont « pas mortels... »

Le second est relatif aux suites de la capitulation acceptée par de Vicques. L'exécution de trois prisonniers ordonnée par Mati-

(1) Avranches. Anfray. 1861. in-12. p. 31.

gnon est-elle la violation de la capitulation en vertu de laquelle
de Vicques permit à ceux qui s'étaient retirés dans la ville haute
de sortir « leurs bagues sauves? »

Ici encore nous invoquons le texte complet de notre plaquette
et nous y lisons, qu'en outre de ceux-là, « trois des conspirateurs
« qui étoient demeurés en bas » furent, avant la capitulation,
saisis et faits prisonniers par la garnison. On doit évidemment
admettre que ce sont ceux-là que Matignon a fait pendre et non
pas ceux qui furent compris dans la capitulation. Là encore rien
n'établit le reproche de mauvaise foi et de violation de foi jurée.

Notre publication vient donc apporter un témoignage important
et contemporain à cet égard.

Ajoutons, comme renseignement bibliographique, que nous
ne connaissons qu'une édition du *Vray discours...*, celle de
Paris, G. Chaudière. s. d. sur laquelle a été faite notre réimpression.

R. D'E.

VRAY

DISCOVRS

DE LA SVRPRISE

ET REPRISE DV MONT

Sainct Michel, adventie
le vingt-deuxième Iuillet
dernier passé

A PARIS

chez Guillaume, Chaudière rue S.
Iaques, à l'Enseigne du Temps,
& de l'Homme sauvage.

AVEC PERMISSION

VRAY DISCOVRS DE

la furprife & reprife du mont S. Mi--
chel advenüe le XXII, Iuillet,
dernier paffé.

Onsieur, espiant de iour en iour
quelques belles occafions pour vous
faire entédre la bóne fouvenance que
ie dois avoir de vous : une ce iour-
d'huy s'eſt prefentée, accôpagnee de
si bonnes nouuelles que ie n'ay voulu
faillir à vous en faire part. Lefquelles
i'efpere vous devoir d'autant eſtre plaifantes qu'elles có-
tiennét quafi un r'achapt et delivrance de voſtre pays de
Normandie d'vn goufre de malheurs qui fe preparoient
pour l'engloutir. Car vous fçavez comme le mont Sainct
Michel est une place de telle confequence, que fi les ennemis
f'en eſtoyent emparez, il ne faut douter qu'il ne feruiſt
d'Afile & retraicte à tous ceux, qui fe feroient vouez à la

ruine de la couronne de France : pour eſtre lieu voisin d'Angleterre, de la Bretaigne et Normandie. Ou ie m'aſſeure qu'il y a vne infinité de Renards, qui ne ſôt qu'eſpouuanter les moyens pour vomir contre leur pays, intimes poiſons cachées au plus profond de leurs penſees. Le ſuſdit mont ſe trouuant en leur priué conſeil propre à ceſt effeɛt : ce qu'ils auoyent depuis quinze ans touſiours pretendu & attenté ſecrettement contre vne telle place : Rencontrans vn Gentilhomme nommé du Touchet demeurât aſſez pres de Domfront, plus propre, & plus ſubtil ce leur ſembloit il, que tous ceux qui ſ'en eſtoient autrefois meſlez : pour eſtre nourry plus que les autres à toutes ſortes de debauchez, d'un commun conſentement la charge luy en eſtant dónee ſe delibere de l'executer en ceſte façõ. Aduerty que le jour de la Magdaleine la plus grand partie tant des habitans, que des mortepayes qui ſont entretenuz pour la garde dudit mont, devoient aller en proceſſion en quelques lieux aſſez lointains : ſeparent trente ou quarante hommes qu'ils auoyent en quelques bendes, qui faignoient aller en pelerinage ſous pretexte de grande devotion comme verrez par la deduɛtion du present discours. Prindrent vn guide ſelõ la couſtume, faignás ne ſçavoir les adreſſes : Lequel les ayans conduits iusques a la porte du Mont, les aduertit qu'il failloit laiſſer dagues et autres armes, ce qu'ils feirent volontairement. Entrez dedans la ville, apres auoir deſieuné en vne hotellerie ſupplierent l'hoſteſſe de leur bailler de la monnoye pour faire chanter vne Meſſe deuant l'Image de

Monſieur ſainƈt Michel, ce que ladite dame ne refuſa : Eux avec ceſt argent & leur guide montent à l'Egliſe de l'Abbaye, qui eſt au haut du Rocher : ou ils font chanter leur Meſſe enuiron les neuf heures du matin, & ſimulent l'ouir, en grande devotion. La Meſſe dicte le preſtre contenté demandent au guide ſil n'y auoit autre lieu qui meritaſt d'eſtre viſité par les pelerins : Lequel leur fait montrer les reliques accouſtumees, & puis conduict cinq d'entr'eux en vne chapelle qui ſe nomme noſtre Dame deſſous terre, leſquels retournez en haut, mettans les mains derriere leur doz, ou ils auoient cachez de petits daguets ſans gardes et tirás de la buſte de leurs pourpoints de petits piſtolets, que l'on nomme bidets : vn d'entr'eux nommé le Capitaine du Meſnil commence à crier Tue, Tue, à mort, à mort, c'eſt à ce coup. Il y auoit quelques moynes qui furent fort bleſſez ſe voulans deffendre, et (ce que ie treuue plus meſchant) ne pardonnerent pas mesmes à ce pauvre preſtre qui avoit chanté la Meſſe pour eux, aagé de ſoixante ans ou environ, qui eut vn coup de dacguer dans la poiƈtrine & vn autre dás la iouë : Les coups toutesfois, graces à Dieu ne ſont mortels. Avtres ce pendant ſe ſaiſiſſent des clefs des portes de l'Abbaye, prennent le Capitaine dudit lieu homme aagé de plus de ſoixante ans, Gentilhóme fort honorable, portant une longue barbe blanche nommé le Capitaine Percontant, auquel ils n'ont fait nul mal pour deſcouvrir par ſon moyen toutes les proviſions qui eſtoient ſerrees, affin de ſ'en ayder ſ'ils eſtoient aſſiegez. Il y a eu quelques mortepayes qui ont eſté fort bleſſez, entr'autres vn en eſt mort, qui fut enterré le iour que nous y allaſmes. Ceux qui eſtoient de garde entendans ce tintamarre & en outre ayans adviſé le ſieur du Touchet, qui par la greue à courſe de cheval venoit accompagné de quinze ou ſeize autres bien montez & armez; ferment la porte, ſe ramaſſent ſi peu qu'ils eſtoient demeurez ce iour en la ville, prennent trois des conſpirateurs qui eſtoient demeurés en bas.

Ceux d'en hault voyans que du Touchet ſ'en retournoit & entendans que la ville eſtoit eſmeuë, la porte fermee : pouſſez de crainte font tomber une harſe de fer qui eſt à la porte de l'Abbaye pour tenir fort la dedans : Ce temps pendant le bruit court par les lieux circonuoyſins que le mont ſaint Michel eſt prins. Ce qui eſpouuëta autant les bons Catholiques que fiſt iamais prinſe de place quelconque. Pres de la eſtait vn Gentil-homme nomme Monſieur de Vicques, Enſeigne de la Compagnie de Monſieur de Matignon, autant affectionné au ſervice du Roy que faire ce peut, conſidérant ce faict d'importance ſans aucun delay accompagné de quatorze ou quinze Gentilshommes en grand haste vient à Avranches : où il prend environ vingt-cinq harquebuſiers, avec leſquels ſe retire au plus proche village de la greue pour entendre des nouuelles : ou eſtant aduerty que la ville n'eſtoit priſe en plus grand diligence y accourut avec les ſiés : ou arriué meit ſentinelles en tous les lieux ou il penſoit eſtre beſoing. Les aſſiegez aduertiz de ſa venuë pour la grande aſſeurance qu'ils auoyent de ſa vaillance

eſtonnez ne penſerent plus qu'à practiquer quelque com-
poſition, ſans plus penſer à ſe defendre, encores qu'ils euſſent vivres pour tenir plus d'vn an entier. Le Capitaine
Vicques, conſidérant la ſituation & force du lieu qui ne ſe
pouuoit recouvrer ſans perdre beaucoup de bons hommes
& ſans ruyner vne place magnifiee par tout le môde, pour
les ſaincts pelerinages qui ſ'y ſont en toutes les ſaiſons de
l'annee conſideré auſſi le temps de la moiſſon de fort belle
eſpérance, lequel perdu eſtoit mettre en deſ'eſpoir les pauures payſans permiſt le meſme iour de la Magdaleine, aux
aſſiegez de ſe retirer leurs bagues ſauues, ſans emporter
choſe quelconque ſoit ſacree ou profane qui peuſt appar-
tenir aux habitans dudit Mont. A vnze heures du ſoir
Monſieur de Matignon eſt aduerty par Monſieur d'Avrá-
ches, ſimplement de la prinſe. Ie vous laiſſe à penſer ſi ce
bon Seigneur paſſa la nuict ſans eſtre bien troublé à faire
depeſches aux vns & aux autres pour recouurer quelques
forces : en haſte il fait ſonner la trompette dés la minuit
pour partir, toutefois ne peut partir deuant les trois heures
du matin accompaigné de plus de ſoixante et dix chevaux :
comme il partoit vient vn nouueau meſſager de la part de
monſieur de Vicques qui l'aſſeuroit ſeulement qu'il eſtoit
ſaiſy de la ville, approchant près d'Avranches quelques
paſſans nous aſſeurerent de la reddition. Ceux de la ville
accourans au devant de nous en grand ioye, confirmerent
ce que nous auions entendu. Mondit ſieur arrivé à Avranches, l'on luy amene quelques priſonniers, & le lendemain

quelques autres. Après les autres interrogez, fit trencher la teſte a trois dans la ville d'Avranches, les teſtes portez audict Mont ſainct Michel. Voyla monſieur, vn bref diſcours de ce que i'ay peu recueillir de ce qui ſe paſſe ce iourd'huy en noſtre pays, ie vous supply ne vous mõtrer de voſtre part moins pareſſeux à me reſcrire du voſtre, A Dieu.

FIN.

ROUEN. — IMP. DE H. BOISSEL.

DEUX MANDEMENTS

DU CHAPITRE DE ROUEN PENDANT LA LIGUE, 1590, 1591.

————o————

Après la mort du cardinal de Bourbon, soi-disant Charles dixième roi de France (1), les chanoines de Rouen, ardents ligueurs pour la plupart (2), refusèrent d'entrer en correspondance avec son successeur le cardinal de Vendôme parce que ce dernier avait déserté la *Sainte-Union* pour s'attacher au roi de Navarre, hérétique (3). Considérant donc le siége archiépiscopal comme vacant, ils nommèrent pour vicaires capitulaires Jean Vymont, Guillaume Péricard et Adam Sequart, docteurs en théologie. L'évêque de Rosse, Jean de Leslye, suffragant depuis plusieurs années du prélat défunt, fut maintenu dans ses fonctions et put continuer de résider à l'archevêché où vinrent s'installer tour à

(1) Décédé à Fontenay-le-Comte, le 6 mai 1589.

(2) Non seulement ils avaient adhéré au parti de la Ligue dans ce qu'il avait de légitime, mais dans ce qu'il eut de très repréhensible, comme le prouve la délibération du 5 août 1589, par laquelle ils applaudissent au régicide, en ordonnant une procession générale à St. Ouen « pour donner louanges à Dieu de la mort de Henri de Valois dernier roi de France. »

(3) Arch. de la S.-Inf. Délib. capitul. du 23 mai 1589.

tour les capitaines du parti, Villars, de Tavannes et le sieur de la Mailleraye. On fit venir, pour exciter l'enthousiasme des fidèles : de Paris le cordelier Feuardent ; de Beauvais le doctoral Luquain, d'Evreux Maximilien Hubert, docteur de Sorbonne, chanoine théologal de cette ville (1).

A cette époque, de triste mémoire, un des chanoines de Rouen qui se signalèrent le plus par leur talent et par leur fougueuse éloquence fut assurément Jean Dadré, originaire du diocèse de Séez, qui avait été reçu à la pénitencerie de la cathédrale le 14 mars 1582. On a des témoignages de sa capacité dans les écrits qu'il a laissés (2), et aussi dans les fonctions qui lui furent confiées. Deux fois il parut aux Etats-généraux, comme député du clergé pour le diocèse de Rouen, une première fois à Blois, en 1588, une autre fois, à Blois encore, et dans des circonstances bien différentes, en 1593. Dans l'intervalle, il avait été nommé pour représenter le clergé, à l'assemblée des Etats de la province de Normandie qui se tint à Rouen en 1590, sur la convocation du duc de Mayenne.

Ce fut Dadré qui fut chargé par le chapitre de prêcher à l'oratoire de St. Laurent pour louer Dieu de la reprise du château de Ste. Catherine dont les soldats du marquis d'Alègre avaient réussi à s'emparer par surprise. Il ne manqua pas d'exalter la valeur

(1) Arch. de la S.-Inf. Mémoriaux de la Chambre des Comptes ; Don par le duc de Mayenne au dit Hubert de 300 écus à prendre sur les biens des absents « pour les services qu'il avait fais à l'union des catholiques en ses prédications, tant en la ville de Paris qu'à Rouen », 15 juin 1592.

(2) Pommeraye, *Hist. de la cathédrale de Rouen*, p. 285.

du chevalier d'Aumale auteur de cet exploit, et celle des *enfants de Rouen*, qu'il avait conduits à l'assaut. (1) Ce fut chez lui que logea Luquain lorsqu'il vint à Rouen, pour remplacer, comme prédicateur le fameux Guillaume Rose, évêque de Senlis, retenu à Paris (du 18 novembre 1500 au 6 janvier 1591). Enfin ce fut lui qui rédigea la minute de l'excommunication que le chapitre crut devoir prononcer contre le chanoine Marin le Pigny pour s'être réfugié à Dieppe, et pour avoir, « entre autres fautes remarquées, fait prières à l'intention du roi de Navarre, ennemi de la Sainte-Union et de l'Eglise » (2).

On ne saurait donc trouver étonnant que ce soit lui qui ait rédigé les deux mandements que nous publions. L'un et l'autre sont sans date, mais par les pièces qui les accompagnent on peut les dater avec sûreté. Le premier est du mois de juillet 1590 et fut imprimé par Martin Le Mesgissier qui produisit, à l'appui de de son mémoire, la minute, de l'écriture de Dadré, et la feuille imprimée, seul exemplaire qui vraisemblablement ait été conservé de ce mandement ; le second est de la fin d'octobre 1591, et fut imprimé par Georges Loyselet, comme cela résulte du mémoire de cet imprimeur, également joint à ce second mandement, vraisemblablement unique comme le premier. On comprendra le style de ces deux curieux documents, en se reportant aux circonstances dans lesquelles ils furent rédigés. Le 19 juillet 1590, on

(1) Arch. de la S.-Inf., reg. capitul.

(2) Ibid. Cette délibération fut biffée par ordonnance du chapitre, du 26 août 1619.

avait appris que les armées ennemies approchaient de Rouen ; et le 11 novembre 1591, commençait le siége de cette ville par les troupes royales.

Après l'abjuration de Henri IV, Dadré s'employa très activement pour amener une réconciliation sincère entre l'archevêque et le chapitre. Il prêta serment de fidélité le 23 mai 1594, et fait qui prouve beaucoup en faveur de son talent et de son caractère, ce fut lui que le Parlement choisit, le 22 mai 1610, pour faire l'éloge funèbre du monarque assassiné.

Dadré mourut pauvre, à Rouen, le 25 mai 1611, et fut enterré devant le Crucifix.

On conserve aux archives de la Seine-Inférieure le testament de ce chanoine.

« Je Jehan Dadré, chanoine théologal et pénitencier, rends grâces à Dieu Immortel de ce que j'ai gardé jusques icy la foy pure et entiere, aussi de ce que je n'ay jamais adhéré ni consenti à aucune heresie et schisme qui ait esté en l'église catholique. Quant à la charité divine et chrestienne, je confesse y avoir insignement prevariqué. Je prie le Bon Dieu me vouloir pardonner ces offences. »

Par ce testament il affectait à usage de bonnes œuvres la somme de 900 livres qui lui avait été payée par le roi, pour avoir vaqué pendant trois mois à la commission qu'il avait reçue de la province de Normandie.

CH. DE B.

LE CHAPITRE DE L'EGLISE METROPOLITAINE DE CESTE PROVINCE, AYANT L'ADMINISTRATION DE L'ARCHEVESCHÉ LE SIEGE VACANT, A TOUS FIDELLES CATHOLIQUES DU DIOCÈSE DE ROUEN, SALUT EN NOSTRE SEIGNEUR.

EN cest orage turbulent & horrible tempeste excitée par les vents impetueux de l'heresie, treschers freres & enfans bienaymez en Jesus Christ, le gouvernement de la Nasselle de ceste Eglise qui nous est commise, est si perilleux que nous en craignons le naufrage, si par nos ferventes prieres & vraye penitence nous ne reveillons ce grand Pilote nostre Seigneur Jesus Christ, que nos pechez tiennent endormy d'vn tresprofond sommeil. La consideration duquel danger augmente le regret que nous avons de feu nostre Roy, de tres-honorable memoire Charles dixiesme, en son vivant nostre Pasteur & maintenant regnant au Ciel par le merite de son martyre, la souuenance neantmoins de la vertu duquel, nous sert d'vne vifve & efficace admonition & d'une seure guide pour imiter sa constance & parvenir au port de salut. Car pendant l'espace de quarante ans qu'il a esté nostre Pasteur, il nous a pourueu des plus grans predicateurs de la France, pour nous garder contre les loups ravissans & luy mesme par un courage magnanime a exposé sa propre personne en danger, pour chasser la presche de ceste ville, que le ministre de satan y auoit establie. Et continuant ce mesme zele pour toute la France, ayant assisté de

ſa preſence & authorité les armes des Princes Chreſtiens,
auroit par une ſainte reunion de tous les Catholiques reſta-
bly la loy fondamentale de ce Royaume treſchreſtien contre
l'extirpation de l'hereſie & pour en couper la racine qui ſont
nos abus & vices, auroit remis l'vſage des Conciles Provinciaux, ayant commencé par celuy de ceſte Province, lequel il
auroit celebré & fait approuver par le ſaint ſiege Apoſtolique.
Mais, ô nous miſerables ! pour n'avoir bien uſé de ces re-
mèdes, & n'avoir obſervé & pratiqué la reformation or-
donnee par iceluy Concile, nos Princes Catholiques qui
eſtoyent nos protecteurs, ont eſté pour punition de nos
pechez cruellement, les uns maſſacrez, les autres arreſtez
priſonniers par la perfidie & hypocriſie d'un Roy traiſtre à
Dieu & à ſon Egliſe. Et neantmoins noſtre Seigneur meſlant
ſa miſericorde auec ce rude chaſtiment, a miraculeuſement
delivré cette ville de la puiſſance de ſes ennemis & reduit
icelle au ſaint party des vrais Catholiques, a fait mourir le
Tyran & hypocrite lors qu'il penſoit eſtre au deſſus de ſes
affaires, & ce par un chaſtiment digne de la profondité de
ſes jugemens, pour confondre la ſageſſe & prudence des
mondains politiques. Or d'autant que la continuation de
nos pechez & la dilation de nous amender non ſeulement
empeſchent le ſecours de la faveur du Ciel en ceſte ſainte
cauſe, mais auſſi provoquent l'ire de Dieu contre nous,
avons penſé eſtre noſtre deuoir de vous advertir avec la
trompette de la voix Eccléſiaſtique, comme nous voyons de
toutes parts l'arc de la Iuſtice divine tendu pour nous perdre

& ruiner ayant ja defcoché plufieurs ardentes flefches de fon courroux. Car laiffant à part la publique calamité de nos biens temporels par un ravage general de ce Royaume, ne nous arreftans aux afflictions corporelles des Eccléfiafti-ques, qui font ignominieufement & cruellement mis à mort, qui pourra affez deplorer les blafphemes & impietez de nos adverfaires : lefquels ayant fait une confufion Babylonique d'Heretiques & faux Catholiques, ont recongneu pour Roy un heretique, luy ont permis par Edit publié, de remettre en ce trefchreftien Royaume l'exercice libre de la plus de-teftable herefie dont l'Eglife ait efté jufque icy perfecutée : & non contens de cefte impieté, ont ofé defchirer & brufler les bulles & lettres monitoires du fouuerain Pafteur de l'Eglife, demeurans par ce moyen membres retranchez du corps de l'Eglife, eftans feparez du chef d'icelle, pour eftre ou fans chef, ou pour recognoiftre l'heretique, tant au fpi-rituel qu'au temporel à limitation de la Iefabel d'Angle-terre, vraye abomination & ydole au lieu faint. Qui euft *Dan. 9.* penfé que leur audace eut peu monter plus haut ? Et neant-moins, *Superbia eorum qui te oderunt afcendit femper,* *Pfa. 73.* leur rage a penetré iufques aux lieux treffaints, d'où ils ont pris le precieux corps de noftre Seigneur &, ce que ne pouuons dire fans horreur, l'ont foulé aux pieds & cepen-dant leur pretendu Roy fait publier fes lettres de declara-tion comme il promet par ferment folennel de maintenir la religion Catholique : Exemple & tefmoignage trefcertain de l'affeurance que l'on doit auoir fur la promeffe faite par

un Prince heretique en faveur de la Religion qu'il detefte,
& par confequent font inexcufables ceux qui fe difans Catholiques, fous ce faux pretexte fuyuent fon party, fe
monftrans certes traiftres & perfides à leur religion. Or leurs
malices & felonnies eftant paruenues jufques au comble,
l'horrible iugement de Dieu les foudroyroit promptement, fi
nos demerites ne leur fervoyent de rempart & couverture.
Car la majefté divine differe à punir les fautes de fes ennemis, iufques à ce qu'il ait puni les noftres. *Iudicium enim*
incipit a domo Dei. Vous voyez donc, trefchers freres, que
nos pechez & iniquitez font la vraye caufe, la fource &
origine de toutes nos miferes. Ils font caufe de la perte de
la bataille, de la prife & faccagemens de nos villes : ils feront caufe, fi nous perfeverons en iceux, que noftre Seigneur apres nous avoir chaftié comme pere pitoyable, il
nous punira comme Iuge fevere, fuyvant ce qu'il dit en
Hieremie. *Plaga inimici percuffi te, caftigatione crudeli.*
Ce qui arrive quand il nous punit fpirituellement, comme
il fait maintenant laiffant profperer l'herefie. La caufe cer-
taine eftant trouuée & des maux prefens qui font trefgrans,
& de ceux qui font proches & qui panchent fur nos teftes
lefquels font extremes, nous deuons en toute diligence ne
rien efpargner, auoir recours aux remedes que la bonté &
mifericorde de noftre Seigneur nous prefente en fon Eglife,
qui eft le facrement de Penitence : Car ceft celle qui efface
les pechez, qui nous preferue du naufrage, qui de mifera-
bles nous rend trefheureux, d'enfans d'ire, nous fait enfans

Pe. 4.

Ие. 3o.

bien-aymez de Dieu, & par confequent nous rend treffors
& trefpuiffans contre tous nos ennemis. Par quoy nous
vous prions, par les entrailles de la mifericorde diuine, de
faire une vraye penitence : Ceft la trompette qui nous eft
commandé de fonner à vos oreilles par le prophete Eze-
chiel, pour vous garder du coup terrible de la iuftice diuine
defgainé contre nous : Ce font les mefmes parolles par lefquelles noftre Seigneur & fon precurfeur ont commencé
leurs fermons, difans. *Pœnitentiam agite,* faites penitence.   Matt. 3 & 4.
Nifi pœnitentiam egeritis omnes fimul peribitis. Vous eftes   Luc 13.
perdus & damnez à iamais fi vous ne faites penitence, &
pour vous conduire & acheminer à la vraye & falutaire penitence : Nous vous prions & exhortons de demander inftam-
ment à noftre Seigneur grace & lumiere pour cognoiftre
vos pechez & la gravité d'iceux, employant de voftre part
& temps & diligence pour examiner vos confciences, &
pour confiderer l'enormité & grandeur de vos offences, afin
de conceuoir en voftre cœur vne grande defplaifance d'auoir
offenfé fi griefvement voftre Dieu & Redempteur pour
caufes treflegeres : vous armant d'vne braue refolution de
mourir pluftoft à l'aduenir moyennant fa grace que de l'of-
fenfer mortellement, & en cefte difpofition vous ferez une
entiere confeffion à voftre Curé ou autre confeffeur approuvé,
auquel pour cefte fois nous auons donné pouuoir d'abfoudre
des cas refervez au fiege Archiepifcopal, et pour faire fruits
dignes d'vne vraye penitence vous ieufnerez Mercredy &
Ieudy prochain commençant à faire la guerre à voftre chair

mere nourrice des pechez, & embraſſant la ſainte mortifi-
cation & croix de noſtre Seigneur, appliquant pour meſme
effet les peines & trauaux que uous ſupportez à la garde &
fortification de voſtre ville les offrans à noſtre Seigneur,
enſemble vos pauuretez & neceſſitez pour la ſatiſfaction de
vos fautes en ſouuenance & par le merite de ce qu'il a en-
duré pour nous, qui luy ſera vn ſacrifice treſagreable moyennant qu'il parte d'une bonne & franche volonté, moyennant
auſſi que lors que vous travaillerez auſdites fortifications &
gardes, vous fuyez & evitez toutes diſſolutions de parolles
& actes deſhonneſtes de iuremens & blaſphemes, de mur-
mure meſdiſance & detractions. Et apres ceſte bonne pur-
gation de vos ames au iour ſolennel de la feſte des glorieux
ſaints de Paradis ou le Dimenche enſuyuant, vous receuerez
le precieux corps de noſtre Seigneur, auec la plus grande
reuerence & deuotion qui vous ſera poſſible, afin qu'il vous
fortifie en ſa grace pour cheminer à l'aduenir en l'obſer-
uance de ſes ſaints commandemens. Vous viſiterez auſſi dans
Dimenche prochain une fois les Egliſes des Peres Capu-
chins, des Religieuſes de ſainte Clere & ſainte Brigitte. Et
en chacune d'icelles vous direz trois fois deuant le ſaint
Sacrement, *Ut ad veram pœnitentiam nos perducere di-
gneris, Te rogamus audi nos. Et O Salutaris hoſtia, quæ
cœli pandis oſtium : bella premunt hoſtilia, da robur, fer
auxilium*, ou trois fois le *Pater noſter* & l'*Ave Maria* :
dreſſant l'intention de vos prieres pour obtenir de la diuine
maieſté vne vraye reformation en tous eſtats, la manuten-

tion de la foy & religion Catholique, & l'extirpation des
herefies en ce trefchreftien Royaume. Vous accompagnerez
aufli vos prieres des œuures de mifericorde que vous exer-
cerez particulierement à l'endroit des pauures malades de
l'Hoftel Dieu de cefte ville que nous vous recommandons af-
fectueufement, à raifon de leurs grandes neceffitez. Comme
aufli les bons Religieux Minimes qui fe font refugiez en
cefte ville & habituez en la paroiffe faint Patrix.

LE CHAPITRE DE ROUEN REPRÉSENTANT L'AUTHORITÉ PASTORALE LE SIEGE VACANT,

A tous les fidelles Catholiques de la ville de Rouen : Salut & paix en noſtre Seigneur.

A neceſſité des affaires de l'Egliſe & eſtat de la France, eſt pour le iourd'huy ſi grande & vrgente comme vn chacun le voit à l'œil, que nous auons occaſion de rechercher par tous moyens à nous poſſibles la bonté & miſericorde de Dieu tout puiſſant. Duquel nous auons recogneu depuis deux ou trois ans en ça, la ſinguliere proui-dence en pluſieurs choſes leſquelles malgré toutes les ruſes & inuentions du Diable & ſes ſuppoſts, & contre toute eſpe-rance & apparence humaine, ont ſuccedé à l'aduantage des Catholiques, & à la confuſion des ennemis de l'Egliſe. Comme nous l'appercevons & recognoiſſons encores à pre-ſent plus particulierement en la conſervation de ceſte tant floriſſante ville de Paris, que nous pouuons à bon droit nommer & appeller l'œil de toute la Chreſtienté ſur la perte ou ſalut de laquelle ſemble tourner tout ce que nous pouuons eſperer de bien ou craindre de mal en ce temps ſi deploré & miſerable. A cette occaſion le devoir Chreſtien & catholique nous conuie, voire contraint de loüer & exalter par deſſus toutes les armées du monde ceſte divine providence, & ſur icelle comme ſur un ferme rocher poſer l'anchre de toute noſtre eſperance, nous eſforceans pluſque iamais de nous

profterner en toute humilité devant elle pour luy demander
pardon & remiffion de tant de fautes & pechez que nous
auons commis devant & contre fa divine Majefté, pour
nous rendre d'autant plus capables & dignes d'eftre exaucez
ès prieres que nous luy faifons tant pour la confervation de
ladite ville de Paris, que pour la victoire que nous efperons
fur les Heretiques & leurs fauteurs. Pour à quoy parvenir
& afin que pendant & durant que Iofué auec fon armée
Catholique bataillera contre Amalech & fon armée heretique, nous puiffions comme Moyfe fecourir nos forces humaines par les forces fpirituelles. Il eft très-neceffaire que
tous les bons & zelez Catholiques vnis de cœurs & volontez
s'arment inceffamment des prieres & oraifons, accompagnées d'un amendement de vie, contrition & repentance
d'avoir offenfé Dieu, & proteftations de le mieux fervir &
honorer à l'advenir fans lefquelles lefdites prieres ne luy
peuuent eftre aggreables. Pour ces confiderations, auons
ordonné vn ieufne Vendredy & Samedy prochains, aufquels
iours fe fera predication en l'Eglife noftre Dame à huict
heures du matin, & après difner fur les quatre heures és
Eglifes faint Laurens, pour ceux du quartier de Beauuoifine, faint Vincent pour ceux de Cauchoife, faint Maclou
pour Martainville, & faint Vivian pour faint Hilaire, ef-
quelles Eglifes fe commenceront les oraifons de quarante
heures ledit Vendredy à quatre heures du matin pour faire
prieres à Dieu pour les chofes fufdites, & particulierement
pour ofter la zizanie & diuifion que le diable s'efforce femer

entre les Catholiques de ceste ville. Le dimenche prochain
apres la confession facramentelle chacun prendra & recevra
e precieux corps de noftre Seigneur, exhortans tous fidelles
Catholiques chacun felon fon eftat & vacation, d'appaifer
'ire de Dieu par vne vraye penitence & changement de vie,
:'eft à fcavoir, que les Ecclefiaftiques s'adonnent principalement à exercer leur faint miniftere avec attention, reuerence & deuotion accompagnée d'vne exemplarité de vie :
Que les Laïques portans les armes s'abftiennent de pille-
ies, violences & blafphemes, & que tous s'efchauffent du
zele que nous deuons à la deffenfe de noftre Religion, poft-
pofant à icelle, & nos biens, & mefme nos propres vies.

ARRÊTS ET ÉDIT

PUBLIÉS PAR LES PARLEMENS DE ROUEN ET DE CAEN,

1590-1592.

———————

Au mois de mai 1589, Henri III s'étant vu contraint de révoquer un certain nombre de Parlemens rebelles à la royauté, leur donna pour nouveau siége les villes restées fidèles à sa fortune. Caen fut ainsi choisi à cause de son affection au roi, comme le lieu où devait à l'avenir siéger le Parlement de Normandie. Selon leurs opinions, les anciens magistrats allèrent s'installer dans leur nouvelle résidence ou restèrent à Rouen sans caractère légal, rendant toutefois des arrêts ou plutôt, comme l'a très bien remarqué un des historiens du Parlement, consacrant toutes les révoltes par des apparences juridiques. Cet état de choses dura longtemps (jusqu'en avril 1594). La mort violente de Henri III et l'avènement au trône d'un prince hérétique ne firent qu'augmenter les résistances plus ou moins sincères des ligueurs ; Henri IV dût conquérir son royaume par la force de ses armes et par sa soumission à l'autorité de l'Eglise.

Les deux Arrêts émanant du Parlement ligueur de Rouen

et l'Edit publié par le Parlement royaliste de Caen, montrent l'antagonisme, la violence des deux parties : Rouen en 1590, acclame roi, sous le titre de Charles X, le cardinal de Bourbon, menaçant de mort avec confiscation de leurs biens tous ceux qui suivront le parti de Henry de Bourbon, *soy disant roi de Navarre;* en 1592, il n'est plus question de Charles de Bourbon mort depuis près de deux ans, mais la ligue subsiste à Rouen plus violente que jamais contre Henri IV assiégeant la ville, tous ceux qui favoriseront son parti seront pendus et étranglés. A ces menaces, le Parlement de Caen répond par la publication d'un Edit du Roi plein de menaces aussi, mais laissant apparaître dans ses termes l'esprit de douceur et de mansuétude de celui qui, après avoir combattu plus que tout autre souverain contre son peuple, garde sans conteste dans l'histoire le nom de bon roi.

Ces trois pièces très difficiles à trouver nous ont paru, surtout à cause de leur intérêt historique, bonnes à reproduire. La première nous a été communiquée par notre confrère M. Jules Deschamps, la seconde appartient au fonds Leber, l'Edict du Roy, Caen, 1592 *, fait partie de notre collection particulière.

CH. L.

---

* Les bois qui ornent le titre et la dernière page de l'*Edict* sont dus à l'obligeant talent de M. Louis de Merval.

ARREST DE LA COVR DE

Parlement de Roüen, contre les Gentilz-hommes, & autres qui persistent à la suytte de Henry de Bourbon, soy disant Roy de Nauarre.

A LYON,

Par Loys Tantillon.

Auec Permission.

1590.

EXTRAICT DES
Regiſtres de Parlement.

Ev par la Cour, toutes les Chambres d'icelle aſſemblees, les procedures Decretz & informations faiĉes à la requeſte du Procureur general du Roy contre les Gentilzhommes de ceſte Prouince, qui portent les armes contre la Maieſté du Roy Charles dixieſme, ſouuerain Seigneur : & pour ceſt effeĉt ſe ſont retirez en l'armee de Henry de Bourbon : memoires trouuces au lieu de Riqueuille ſurprins allant à Dieppe, lettres de par Henry de Bourbon addreſſantes au Viſconte d'Aranchal : informations de l'aſſemblee faiĉe à Caen au mois de Mars paſſé, en laquelle a eſté conclud l'entiere ruyne de ceſte ville, & des principaux Magiſtratz & Bourgeois d'icelle : confeſſions & denegations des priſonniers executez le ſeptieſme de ce mois : & autres pieces reſultans de ladiĉe matiere : concluſions dudiĉt Procureur general du Roy, & tout conſideré. LA COVR a faiĉt & faiĉt treſexpres commandement à tous Gentilzhommes, & autres qui ont iuſques à preſent ſuiuy le Roy de Nauarre, de ſe retirer dans huiĉt iours pour toutes prefixions & delais en leurs maiſons : auec aſſeurance qu'ilz bailleront de ne iamais porter les armes pour lediĉt Roy de Nauarre ou de ſe rendre en l'armee Catholicque conduiĉe par le Sieur Duc de Mayenne Lieutenant general de ſa Maieſté, & repreſen-

A   2

tant ſa perſonne en tous ſes païs, terres & Seigneuries :
autrement & à faute de ce faire dans lediĉt temps & iceluy
paſſé ladiĉte Cour les a declaré & declare attaints & con-
uaincuz du crime de Leze-Maieſté diuine & humaine : &
comme telz puniz là où ilz pourront eſtre apprehendez :
leurs biens acquis & confiſquez au Roy & où il ſe trouue-
roit qu'aucuns d'eux tinſſent quelques fiefz & Seigneuries
mouuans de la Couronne de France, ſeront reüniz & incor-
porez au domaine d'icelle. Et ſera le preſent Arreſt enuoyé
à la diligence du Procureur general du Roy à tous ſes
ſubſtitutz, pour le faire garder & obſeruer de poinĉt en
poinĉt ſelon ſa forme & teneur : & du deuoir qu'ilz y auront faiĉt en certifieront la Cour au mois : à peine de eſtre
punis de meſme peines que ceux, auec leſquelz ilz conni-
ueront. Faiĉt à Roüen en Parlement leſdiĉtes Chambres
aſſemblees, le Mardy dixieſme d'Auril Mil cinq cens quatre
vingts & dix.

Signé,   LOVVEL.

L'Arreſt cy deuant a eſté leu & publié par les Carrefours de ceſte ville de Rouen par moy Loys Marc Huiſſier en la Cour de Parlement accompaigné de Guillaume Duret, Iean Gymet & d'vn autre trompette le Mercredy vnziefme Auril mil cinq cens nonante.

MARC

ARREST DE LA COVRT DE PARLEMENT DE

Roüen du 7. Ianuier,

1 5 9 2.

Contre Henry de Bourbon, pretendu Roy de Nauarre, ses fauteurs & adherans.

A LYON,

Par Louys Tantillon.

Auec Permißion.

———————

1 5 9 2.

Prins sur la coppie imprimee à Rouen.

EXTRAICT
DES REGISTRES
DE PARLEMENT.

VEV par la Court toutes les Chambres d'icelle affemblees
la requefte prefentee par le Procureur general du Roy,
contenant qu'à l'occafion du fiege mis deuãt cefte ville par
Hẽry de Bourbon pretendu Roy de Nauarre, aucuns mal
affectionnez eftans en icelle, ne feduifent le peuple, cõme
quelques vns fe font effayez de faire ces iours paffez, pour
foubz ombre de paix mettre ladite ville foubz la dominatiõ
des heretiques, qui eft la plus grãd' mifere & calamité qui
feuft aduenir en ce royaume, pour eftre icelle vne des plus
principales de France, & qui a eu ceft honneur de s'eftre
des premieres oppofees à l'herefie & tyrãnie que de lõg
tẽps l'on vouloit introduire en cedit royaume, n'eftãt rai-
fõnable que par la malice d'aucũs, l'on vint à lafchemẽt fe
rẽdre audit Henry de Bourbon, & partãt qu'il eftoit befoin
de reprimer par quelque bõ reglemẽt la malice de ceux qui
voudrõt troubler l'Vniõ & repos de cefte ville, de quelque
pretexte qu'ils fe voudroyent couurir requeroit qu'il pleuft
à ladite Court y donner ordre, la matiere mife en delibe-
ration.

La Court a faict & faict trefexpreffes inhibitions & deffences, à toutes perfonnes de quelque eftat dignité & condition qu'ils foyent fans nul excepter, de favorifer en aucune

forte & maniere que ce foit le parti dudit Héry de Bourbon, ains s'en defifter incontinent à peine d'eftre pédus & eftranglez.

Ordonne ladite Cour que monition generale fera octroyée audit Procureur general *nemine dēpto,* pour informer contre tous ceux qui fauoriferont ledit Henry de Bourbó & fes adherans. Et d'autant que les coniurations apportēt le plus fouuent la ruyne totalle des villes où telles trahifons fe commettent : Eft ordóné q̃ par les places publiques de cefte ville & principaux carrefours d'icelle, ferót plâtees potences pour y punir ceux qui feront fi malheureux que d'attenter contre leur patrie, & à ceux qui defcouuriront lefdites trahifons encor' qu'ils fuffent Cóplices, veut ladite Cour leur delict leur eftre entierement pardonné, & outre ce leur eftre payé la fomme de deux mille efcuz à prendre fur l'hoftel de ville.

Le fermēt de l'Vnion faict le 22. Ianuier 1589. & confirmé par plufieurs arrefts, fera renouuellé de moys en moys en l'affemblee generale, qui pour ceft effect fe fera en l'Abbaye de fainct Oüen de cefte ville, Eft enioinct aux habitans de l'obferuer inuiolablement de poinct en poinct felon fa forme & teneur, à peine de la vie fans aucune efperance de grace.

Enioinct trefexpreffémēt ladite Cour à tous les habitans d'obeyr au Sieur de Villars, Lieutenant de Monfeigneur Henry de Lorraine en ce Gouuernemēt en tout ce qui leur fera par luy commandé, pour la cóferuation de cefte ville :

comme

comme auſſi aux Soldats entretenus par ladite ville qui
feront tenus d'obeyr promptemét aux mandemens dudit
Sieur à peine de la vie.

Et fera le prefent arreſt leu & publié à fon de trompe par
tous les Carrefours de ceſte ville placardé & affiché par tout
ou befoin fera à fin que nul n'en puiſſe pretendre caufe
d'ignorance. Faiɛt à Roũen en Parlement le feptiefme Ianuier 1592. Signé de la Couſture.

*Le prefent Arreſt a eſté leu & publié à fon de trompe &
cri public à la Court du Palais Royal du Parlement, au
deuant de la Cohue, l'Hoſtel de fainɛt Lo, vieil Palais,
Hoſtel de ville, Bouteroude, l'Archeuefché, Palais de
fainɛt Oũen, l'Hoſtel de Fefcamp, de Lifieux, & d'Aumalle
aux portes Cauchoife, Beauuoifine, fainɛt Hilaire, du
Barc, de la Harangerie, de fainɛt Eloy, du Quay de Paris
& de la baſſe vieille Tour, Boucheries du vieil marché, du
pont de Robec, de fainɛt Vivian, de fainɛt Maclou & de
fainɛt Seuer, Mont fainɛte Catherine, audeuant de la
groſſe horloge, de la Croix de pierre, Rues de l'Auſtruche
de la ferpente, de fainɛt Patrice du petit puys, des Mail-
lotȝ, du figuier, de noſtre Dame, des Bonnetiers & par tous
les autres lieux accouſtumeȝ, à faire cris & proclamations
en ceſte ville de Roũen. Par moy Loys Marc premier
Huiſſier en ladite Court de Parlement, accompagné de*

Maiſtre Françoys de Martimbaut, lieutenant au Bailliage de Roüen, Guillaume Doucet & François de Rozieres Trompettes ordinaires de ladite ville, & de trois autres Trompettes le Mecredy huictieſme iour de Ianuier 1592.

Signé *MARC.*

EDICT DV ROY,

TOVCHANT LA CON-

fiſcation de tous les biens de ceux qui ſont morts, ou
qui decederont aux villes rebelles, ou ſuiuans les armes
de la Ligue.

*Publié en Parlement à Caen, le quatorzième Ianuier,
mil cinq cents quatre vingts douze.*

A CAEN,

Chez Iaques le Bas, Imprimeur du Roy.

M. D. LXXXXII.

Auec Priuilege dudiĉt Seigneur.

EDICT DV ROY, TOVCHANT

*la confiscation de tous les biens de ceux qui sont
morts, ou qui decederont aux villes rebelles, ou
suiuans les armes de la Ligue.*

ENRY par la grace de Dieu Roy de France
& de Nauarre, A tous presens & à venir,
Salut. S'il est bien seant à vn grand Prince
d'estre courtois & debonnaire à l'endroit des gens de bien,
il ne luy est pas moins necessaire de se rendre par vne se-
uere Iustice & rigoureuse, redoutable aux meschans, mesmes
à ceux qui ont souuent abusé de sa douceur & clemence,
comme ont faict nos subiects rebelles, lesquels au mespris
de nostre bonté naturelle, & sans tenir compte des faueurs que nous leur auons offertes depuis nostre adue-
nement à ceste Couronne, abusant de nostre patience &
bonté, n'ont voulu se ietter entre nos bras, que nous leur
auons tousiours ouuert, aux promesses de leur pardonner

a ii

leurs fautes paſſees, par pluſieurs nos Declarations que nous auons pour ceſt effeƈt expediees : au contraire, desbordez en toutes ſortes de meſchancetez, ne recherchans qu'vne diſſolution generale de toute ſocieté humaine, ont mieux aimé engager leur liberté à l'Eſpagnol, ancien ennemy de ceſt Eſtat, & contre toutes loix diuines & humaines, faire la guerre ſoubs ſon authorité à celuy qu'il a pleu à Dieu faire naiſtre leur Roy legitime & naturel. A vne telle maladie incurable par doux & gracieux lenimens, il eſt beſoin d'vſer de remedes plus forts & violens, & retrencher les graces deſquelles nous auós vſé par le paſſé en leur endroit, puis que l'vlcere de leurs rebellions augmente, & que leur opiniaſtreté s'endurcit & croiſt de iour en iour. POVRCE eſt-il, qu'apres auoir bien meuremét deliberé ſur ceſt affaire, conſiderans que pluſieurs par l'apprehenſion de la perte des biens, & de laiſſer des enfans poures & miſerables, ſe rengent ſouuent en leur deuoir, auquel leur honneur, ni la parole & commandement de Dieu ne les a peu contenir : Novs, à ces cauſes, auós diƈt & déclaré, diſons & declarons par ces preſentes, ſignees de noſtre propre main, que noſtre vouloir & intétion eſt, que tous & chacuns les biens, tant meubles qu'immeubles, de ceux qui ſont ia morts, ou qui decederont cy apres aux
villes

villes rebelles, ou fuiuans les armes de nos rebelles & ennemis, ou porteront les armes pour la Ligue, nous foyent
acquis & confifquez à pur & à plain, comme ayans appar-
tenu à gens attaints & conuaincus de crime de lefe Maiefté
au premier chef, pour en difpofer comme nous aduiferons
eftre à faire, fans aucune efperance aux heritiers des dece-
dez de la façon fufdicte, d'y pouuoir rentrer en quelque
maniere que ce foit. Sauf à nous de gratifier tels de leurs
parens que bon nous femblera, qui porteront les armes
pour noftre feruice, ou lefquels par quelques autres merites
fe feront rédus dignes de cefte grace & liberalité. Referué
pareillement ceux aux heritiers defquels nous auons defia
accordé mainleuee par nos lettres patétes qui auront efté
verifiees en nos Courts fouueraines.

SI DONNONS en mandement à nos amez & feaux
Confeillers les gens tenás nos Courts de Parlement, & à
tous nos Iufticiers & Officiers qu'il appartiendra, que ces
prefentes ils facent lire, publier & enregiftrer, & le contenu
en icelles garder & obferuer de poinct en poinct felon leur
forme et teneur. Car tel eft noftre plaifir. Et afin que ce foit
chofe ferme & ftable à toufiours, nous auons faict mettre
noftre feel à cefdictes prefentes, fauf en autres chofes noftre
droict, & l'autruy en toutes.

Donné au Camp deuant Rouen au mois de Decembre,
l'an de grace mil cinq cents quatre vingts vnze, & de noſtre
regne le troiſiéme. Signé, HENRY. Et ſur le reply, Par
le Roy. Signé, Ruzé. Et à coſté, Viſa. Et ſcellé du grand
ſeel en cire verd. Plus, au bas ſur ledict reply eſt eſcrit,

Leuës, publiees, & regiſtrees, oy, & requerant le
Procureur general du Roy, à Caen en Parlement, le
quatorziéme iour de Ianuier, mil cinq cens quatre vingts
douze.

Signé,   HEVRTCAVLT.

⁂ Du Mardi quatorziéme iour de Ianuier mil cinq cents quatre vingts douze, à Caen en la Court du Parlement.

VR les Lettres patentes en forme d'Ediƌ, donnees au Camp deuant Rouen au mois de Decembre dernier, ſur la conſiſcation des biens meubles & immeubles de ceux qui ſont morts, ou qui decederont cy apres és villes rebelles, ou ſuiuans les armes des rebelles & ennemis du Roy, ou porteront les armes pour la Ligue, apres que leſdiƌes Lettres ont eſté iudiciairement leuës & publiees, Oy ſur ce Thomas pour le Procureur general du Roy :

LA COVRT a ordonné & ordonne, Que ſur le reply deſdiƌes Lettres patentes preſentemēt leuës ſera mis, qu'elles ont eſté leuës, publiees & regiſtrees oy, & requerant le Procureur general du Roy, & que les vidimus d'icelles feront enuoyez par les Bailliages de ce reſſort, pour en chacune des Viconteʒ eſtre pareillement leuʒ, publicʒ & enregiſtreʒ, afin qu'aucun n'en puiſſe pretendre cauſe d'ignorance. Faiƌ comme deſſus.

Signé   *HEVRTAVLT.*

RÉCIT VÉRITABLE DE LA MORT

DU SIEUR BARON DE HEURTEVENT, DÉCAPITÉ A PARIS, DEVANT LA CROIX DU TIROIR, LE MARDI 21 DE MARS.

Nous ne connaissons de ce Récit qu'un exemplaire à la Bibliothèque nationale et un autre à la Bibliothèque Mazarine; identiques pour les caractères typographiques, ils diffèrent en ce que le premier est pourvu d'une vignette à la page du titre, d'un gracieux en-tête sur bois et d'une lettre ornée à la première page, que nous avons pu reproduire dans cette édition par le talent de M. Louis de Merval, notre confrère. — Ces deux exemplaires ne sont pas sans doute les seuls qui existent; nous avons pensé néanmoins que ces feuilles populaires destinées à répandre la crainte de l'autorité, et qui ne survivent jamais à une ou deux générations, sont assez rares pour être reçues avec quelque satisfaction par les bibliophiles de Normandie.

Le sieur Baron de Heurtevent était normand; les actions coupables qui le conduisirent au supplice eurent pour théâtre notre province. Le Parlement fit entendre de vaines réclamations sur ses droits de juridiction méconnus par le sieur Morant du Mesnil

Garnier, maistre des requestes de l'hostel, qui ne crut pas néces-
saire de faire enregistrer sa commission royale pour l'exécuter.
Le Parlement envoya à Caen son huissier Levert pour signifier
à ce commissaire la défense qui lui était faite de procéder au jugement du prisonnier. Levert, arrêté lui-même et mis en prison,
revint faire son rapport à la Cour, qui, après une délibération de
plusieurs séances, résolut d'envoyer au Roi et au garde des sceaux
une députation de ses membres pour représenter qu'ils avaient
toujours fait justice des rebelles et conservé la fidélité de leurs
charges envers le Roi. Entre temps, le grand prévôt de Normandie, M. de Bellengreville, reçut l'ordre du Roi de se saisir du
Baron de Heurtevent et de l'amener à Paris, au Fort-Levesque,
où il n'attendit pas plus de cinq jours la sentence de la Commission qui le condamna à la peine capitale. Les conférences avec le
garde des sceaux, qui soumit ce conflit judiciaire au Conseil
d'État, durèrent assez longtemps pour que les députés du Parlement fussent témoins du meurtre de Concini et de la fin de la
Régence, quoiqu'ils n'en dirent absolument rien à leur retour
dans leur rapport à leur compagnie. Le Conseil d'État avait
déclaré que le sieur Morant de Mesnil Garnier avait dû faire
exécuter la Commission du Roi, qui jouissait alors de la pléni-
tude du pouvoir législatif. Les Parlements de Rouen et de Paris
qui avaient fondé leurs remonstrances sur l'intérêt supérieur de
la justice, compromis par la violation des formes de la procédure,
durent se résigner.

Nous n'avons pu dissiper complètement les ombres épaisses
dont les historiens ont couvert le sieur Baron de Heurtevent.
Dans le recueil des pièces pour la défense de la Reine, on lit :
Pour l'honneur de la famille qu'on veut conserver, on tait

bien des choses. Le nom de Philippe de Liée est si difficile à lire dans les pièces originales conservées aux Archives Nationales, que les plus habiles paléographes avaient déchiffré *Luc.* Dans la copie des registres du Parlement de Normandie de la Bibliothèque nationale, il est nommé de Heurtemont. Enfin le nom de Liée ou de Lyée, suivant l'orthographe la plus généralement adoptée, joue tellement de malheur, que M. de Magny, dans son *Nobiliaire de Normandie,* le transforme en de Lyde, et il ne donne pas avec plus d'exactitude le nom de leur seigneurie de Tonnencourt, qu'il imprime Tournencourt.

Les pièces généalogiques du cabinet des titres de la Bibliothèque nationale qui m'ont été gracieusement communiquées, me semblent mettre sur la voie. J'y ai trouvé un fils d'Eustache de Liée nommé Jean, escuier, sieur du Couldray, lieutenant à la date du 18 juillet 1601, et au-dessous de son nom ce seul mot *sentence* qui sous-entend tout, et il me paraît probable qu'il est le même que Philippe de Liée, Baron ou sieur de Heurtevent. Jean pouvait avoir également le nom de Philippe. Les fiefs du Couldray et de Heurtevent étaient entrés dans les domaines de la famille de Liée par le mariage (vers 1430) de Guillaume II° de Lyée avec Jeanne du Couldray, fille de Guillaume du Couldray et d'Anne de Thiboutot. — Après ce triste procès, le nom du fief de Heurtevent disparaît des titres de la famille de Lyée, pour effacer autant que possible le souvenir de la forfaiture d'un de ses membres. On ne retrouve le prénom de Philippe porté par l'un d'eux qu'en 1697, dans une ordonnance du 30 août, par les commissaires généraux du Conseil, sur le fait des armoiries, avec la signature de d'Hozier pour Philippe de Liée, escuier, sieur de Belleau, etc. Les alliances honorables de cette famille

avec celles de Chailloué de Vieux Pont, de Malherbe, etc.,
expliquent suffisamment la réserve et les ménagements des historiens. M. de Bigars, le vieux compagnon d'Henri IV dans ses
guerres, et auquel il écrivit si souvent, appartenait à la famille
de Liée.

Nous avons résisté au désir de refaire l'histoire si troublée de
la Régence de Marie de Médicis; nous nous contenterons de
formuler notre opinion sur la triste destinée des princes qui,
placés si près du trône auquel ils doivent servir d'appui, oublient
que leur devoir est de donner l'exemple du respect envers les
dépositaires du pouvoir royal. L'épisode du Baron de Heurtevent
nous les montre forcés, comme toujours, d'accepter comme alliés
les gens pervers de tous rangs, qui profitent de l'occasion des
rebellions pour violer toutes les lois.

Nous donnons comme Appendices l'ordre de Renvoi du procès
devant une commission et un extrait de la sentence de condamnation relatant les faits qui l'ont motivée. Les aveux du coupable,
les noms des commissaires fort nombreux qui l'ont signée, sont
pour nous une garantie que la peine capitale a été justement
prononcée.

DE BOUIS.

RECIT
VERITABLE

de la Mort du fieur Baron
de Heurteuan decapité
à Paris deuant la Croix
du Tiroir le Mardy 21
de Mars

A PARIS

De l'Imprimerie d'Anthoine du Brueil

entre le pont Sainct Michel & la
ruë de la Harpe à l'eftoile
Couronnée

———————————

M DC XVII

RECIT VERITABLE

de la mort du sieur Baron de Heur-
teuan décapité à Paris deuant la
Croix du Tiroir le Mardy 21
de Mars.

LA puissance des Roys est grande & redoutable ;
leur fureur merueilleusement à craindre, leur
iuste colère difficile à appaiser, notamment à l'endroit de ceux qui les ont offensez outre mesure, &
encore que leur patience & bonté soit immense, à l'exemple
de la divinité, si pourtant ceste humeur se conuertit souuen-
tefois en fureur, quand ils recognoissent que leurs suiects en
abusent au preiudice de toute obeyssance & seruice qui leur
est légitimement & naturellement deüe : Ainsi leurs Maiestez
ayant eu aduis des mauuaises intentions & déportemens du
sieur Baron de Heurteuan, comme il avoit faict plusieurs
pratiques & leuées contre le seruice du Roy à l'aduantage de
ses ennemis dans le pays de Normandie, Sa Majesté se résolut
de preuenir le succèz funeste & pernicieux de telles entre-
prises par vn prompt commandement qu'elle fit à son grand
Préuost de la dicte Prouince de Normandie de poursuiure le

dict fieur Baron & fes adhérans & s'affeurer de fa perfonne s'il
le pouuoit furprendre. Il fe fait affifter de forces & Gens de
guerre pour fatisfaire au défir de leurs Maieftez fi que finallement à force de veiller & d'eftre aux aguets il le furprend
au depouruu, comme ceux fur qui il s'affeuroit, l'auoient
abandonné, pris qu'il eft, voila qu'on le faict conduire en
toute feureté dans Paris & y arriue le mercredi quinziefme
du prefent Mois de Mars accompagné de quelques quarante
a cinquante cheuaux où pendant qu'il feroit aduifé de ce qui
feroit fait de fa perfonne, il eft mis & conftitué prifonnier dans
les prifons du Four L'Euefque, par le commandement
du Roy & à la diligence du fieur de Bellangreuille grand
Preuoft de fon hoftel en moins de fix ou fept jours, on voit les
informations faictes contre luy, les plaintes fe produifent, les
chofes par luy commifes fe trouuent auerées, fes pratiques
defcouuertes, fes intelligences éuentées, fon procez fait &
parfait. Il eft trouué coupable atteint & convaincu du crime
de Lèze Maiefté & comme tel le voila condamné fans appel
à auoir la tefte trenchée pour falaire & récompenfe de fes
delifts & pour donner exemple à tous factieux & perturba-
teurs du repos public, gens défobeyffans & rebelles aux
commandemens de leur Prince.

Pour l'exécution de fon Arreft & Sentence le mardy dernier
22 de mars devant la Croix du Tiroir; rue de S. Honoré, à
Paris, fut dreffé & erigé vn efchaffaut à ces fins & d'autant
qu'en cefte éxécution, il fe trouua vn nombre incroyable
de peuple, Seigneurs & Gentis-hommes & grande quantité
de perfonnes de tous eftats pour éuiter la confufion & retenir
le défordre, par commandement exprez de Sa Maiefté y fu-

rent enuoyez les Cent Suiffes de fa garde ordinaires, vne des Compagnies de fon régiment, auec leurs armes & baftons à feu, environnans le fufdiɛt efchaffaut : en cefte affiftance fut amené le dit Sieur Baron par quelques Archers de mon dit fieur le grand Préuoft de l'Hoftel & là monté fur le dit efchaffaut, il fut décapité enuiron es fix heures & demie du foir.

Bien qu'il eut vn extrême regret de mourir, fi parut il neantmoins fort conftant à la mort, il s'y prépara dignement & recognoiffant fa faute, ploya doucement le col foubz la main de l'exécuteur.

Le dit fieur Baron de Heurteuan auoit a ce qu'on tient efté nourry & esleué en la maifon de la Royne mère du Roy de forte que ayant mis en oubly le traiɛtement fauorable, qu'il y auoit receu s'eftoit montré ingrat & préférant la bienueillance de quelques remuanz dans l'Eftat, a l'obeyffance du Roy auoit faiɛt auec eux quelques pratiques mauuaifes au préiudice de fes loix & de fon feruice auffi fon corps a paty pour les mauuaifes inclinations de fon âme, montrant en cela, combien c'eft chofe dangereufe au vaffal de s'efleuer contre fon Roy & combien Sa Maiefté bien que facile à pardonner fupporte mal aifement telles rebellions & défobeyffances.

FIN.

APPENDICES.

I.

Louis, par la grâce de Dieu, Roy de France & de Navarre, à nos amés & féaux conſeillers, les ſieurs de Beaumont, du Luc-Majour, Bigot, Barentin, Granger, Aubery ſieur de Trilleport, Morant ſieur du Meſnil Garnier, le Normand, Thérin, le Roy, Bitault & de Juice, ſieur de Moncq, Mˢ des Requeſtes ordinaires de noſtré Hoſtel, ſalut. Ayant pour le bien de noſtre ſervice & pour l'exécution de nos lettres patentes des dix-neuf et vingt-deux novembre dernier, jugé néceſſaire d'envoyer des commiſſaires par nos provinces, entr'autres en celle de Normandie, où le dit ſieur du Meſnil Garnier ſe ſeroit tranſporté & informé en l'encontre d'un nommé Philippe de Liée, ſieur de Heurtevant, même lui auroit faiĉt & parfaiĉt ſon procès & voulant procéder au jugement d'icelluy, avec les conſeillers du ſiége préſidial de Caen, il auroit été empeſché par notre Parlement de Rouen, ce qui nous auroit meu & occaſionné ſur arreſt de noſtre conſeil d'Eſtat du deuxieme Mars dernier, ordonner le procès eſtre apporté au greffe de noſtre conſeil & ledit Heurtevant, amené ſur bonne & ſeure garde aux priſons du Fort Leveſque par le grand Prevoſt de Normandie, pour ce faiĉt eſtre par nous ordonné ce qu'il appartiendra par raiſon. — A ces cauſes nous à plain confians de vos ſens, ſuffiſance, preudhommage & expérience, commettons, députtons par ces préſentes pour appeler noſtre Procureur des Requeſtes de noſtre Hoſtel, procéder au jugement du dit procès au rapport dudiĉt ſieur Le Normand, voulant que les jugements qui feront par vous rendus ſoient exécutez en dernier reſſort, nonobſtant oppoſition ou appellation quelconque, comme s'ils avoient eſté donnez en l'une de nos cours ſouveraines. De ce faire nous, vous donnant pouvoir, commiſſion et mandement ſpecial par ces dites préſentes, car tel eſt noſtre plaiſir. Donné à Paris le xviᵉ jour de Mars, l'an de grâce MVIᶜXVII & de noſtre Règne le ſeptieſme. Signé Louis & plus bas par le Roy en ſon conſeil *Potier* & ſcellé. (Archives nationales V⁴ 1497-1499.)

II.

Extrait de la ſentence de condamnation du Baron de Heurtevent.

Veu par les maiſtres des requeſtes ordinaires de l'hoſtel du Roy juges ſouverains en ceſte partye le proces criminel faiĉt à la requeſte du procu-

reur de S. M. allencontre de Philippes de Lyais, sᴿ de Heurtevent pour
raïfon des crimes, exactions & violances par luy faictes aux fubjets de
fad. Majefté et miniftres de juftice. — Information faicte par le sᴿ Mo
rant, confeiller du Roy en fes confeils d'eftat et privé et maiftre des
requeftes ordinaire de fon hoftel, intendant de la juftice en la province
de Normandye en vertu des lettres patentes du xxv novembre mil fix
cent feize allencontre dud. de Heurtevent et complices .... —
Autre information faicte par Mᵉ Jacques Levavaffeur, lieutenant de noble
Comte ou Prevoft general de Normandye au bailliage de Caen & commiffaire, fubdélégué par led. de Morant en cette partye allencontre
dudict de Heurtevent & complices.......... — Informations faictes par
Jofas de Grieu, lieutenant général civil & criminel du Bailly d'Evreux
en la vicomté d'Orbec...... fur l'affaffinat commis à la perfonne de
Philippes Lemeftel, efcuyer, sᴿ de Lavarende......... — Aultres informations faictes par Charles Canon, lieutenant criminel du Bailly
d'Alençon aux Vicomtés d'Yefmes & d'Argentan fur le procès verbal
des plaintes rendues par Eftienne de Courmaheul, fergent royal allencontre dudict de Heurtevent, Mathieu, Baftou, fes laquais & autres.....
— Par Guillaume Douezy, lieutenant civil & criminel du Bailly de Caen
en la vicomté de Falaife......... — Tout confidéré les dicts maiftres
des requeftes affemblez au nombre de douze en la chambre du confeil
du Fort Lévefque ont déclaré & déclarent led. Philippes de Lyais, sᴿ de
Heurtevent fuffifamment attainct & convaincu des crimes d'exactions &
viollances faictes aux fubjects du Roy & miniftres de juftice auparavant
& depuis les derniers mouvements & aultres cas mentionnés au proces
pour reparation des quelz l'ont condempné à avoir la tefte tranchée fur
un efchaffault qui pour ce faire fera dreffé en la place de la Croix du
Tirouer, fes biens acquis & confifquez au Roy, fur iceulx préalablement
pris la fomme de fix mille livres applicables, favoir mil livres en œuvres
pyes, aux pauvres des villes de Caen & Lifieux par moytié, deux mille
livres à la defcharge des tailles des paroiffes de Heurtevent, Sainct Jehan
de Livet, Saincte Marguerite des Viettes, Mefnil-Germain, Mefnil-
Durant efgalement, quinze cens livres moytié aux pauvres enfermés
& l'autre moytié aux quatre mendians de Paris & pareille fomme de
quinze cens livres au pain des prifonniers de lad. ville de Paris.

Signé. — Menardeau. du Luc-Majour. Bigot, Barentin. Granger,
  Morant. Aubery, sᴿ de Trilport. Theryn. Le Roy, Bitault. de Juys,
  sᴿ de Moncq. Le Normant.

Prononcé aud. de Lyais le xxı mars mil VIᶜ dix fept.

(Archives nationales. V⁴ 41. — Section próvifoire.)

MONTCHRESTIEN DE VATTEVILLE.

L'édit de Nantes rendu par Henri IV en 1598 avait fait cesser toute hostilité, sinon toute rancune entre les protestants et les catholiques, mais après la mort de ce prince, la minorité de Louis XIII incessamment remplie de troubles politiques surexcita de nouveau les esprits turbulents et les disposa à saisir volontiers les occasions de révolte. Le roi étant allé dans le Béarn rétablir le culte catholique, faire restituer les biens ecclésiastiques dont les protestants étaient alors en possession et réunir la Navarre à la couronne de France, l'assemblée générale de la Rochelle jeta un cri d'alarme prétendant le traité de 1598 rompu et la religion réformée de nouveau en danger. A cet appel, de chaque province, partirent en hâte pour ce quartier général du protestantisme un certain nombre d'hommes sincèrement attachés à la Réforme mélés avec toute sorte de mécontents et d'aventuriers.

1

Vers ce temps là vivait dans l'Orléanais un Normand, fils d'un apothicaire de Falaise, qui malgré sa modeste origine était devenu gouverneur de Châtillon-sur-Loing, Antoine Mauchrestien ou Montchrestien, né en 1575; à son nom il avait ajouté celui de sieur de Vatteville, par vanité, ou y ayant droit, suivant quelques biographes, par suite de son mariage avec une riche veuve (1). De bonne heure resté orphelin, Montchrétien avait cependant été élevé avec soin, et, doué d'un esprit peu ordinaire, tour à tour avocat, poète, économiste, avait attiré vers lui les regards de ses contemporains. Malheureusement à ses qualités il joignait un caractère orgueilleux, une humeur impatiente et querelleuse ; plus d'une fois en dépit des ordonnances sur le duel, il avait appelé son contradicteur en champ clos et l'y avait laissé mort ; un jour, en particulier, pour échapper à la rigueur des lois, il s'était enfui en Angleterre d'où il n'était plus revenu que grâce à la protection du roi Jacques Iᵉʳ payant ainsi au poète la dédicace d'une de ses œuvres.

Montchrestien, qui avait embrassé depuis quelque temps les idées de la Réforme, fut un des plus empressés à

(1) D'après son acte de tutelle, son vrai non était Mauchrestien. — Signalons aux biographes normands cette remarque qui pourrait être utilisée : à Vatteville, dans le canton de Caudebec, il existe encore plusieurs familles portant le nom de Mauchrestien.

répondre à l'appel des Rochelois,. la notoriété de son audace et de son intelligence lui fit aussitôt accorder une importante mission. On était au mois de mai 1621, Gergeau, petite ville sur les bords de la Loire, était assiégée et vigoureusement attaquée par le comte de Saint-Paul, il eut ordre de se jeter dans la place, mais déjà elle était démantelée, épuisée, il n'y arriva guère que pour capituler. Bientôt après il réunit tout ce qu'il put de troupes et courut au secours de Sancerre alors investi par le prince de Condé. Que se passa-t-il dans cette ville ? Les uns ont prétendu qu'il reçut 6000 livres pour engager les habitants à mettre bas les armes, d'autres qu'il fut joué par le prince de Condé plus habile à profiter de dissensions intentionnellement mues parmi les défenseurs de la place que capable de la prendre d'assaut ; quoiqu'il en soit, la ville se rendit à composition. — Au sortir de Sancerre, Montchrestien courut à la Rochelle, expliqua sa conduite et inspira assez de confiance aux chefs du parti pour que le 9 août suivant, on lui confiât une centaine de commissions, de l'argent, des lettres de change en quantité suffisante pour aller en Normandie soulever les villes où il se croirait le plus sûr de se créer des partisans.

Il visita successivement Caen, Falaise, Argentan, Alençon, Dromfront, Vire, flattant les mécontents, excitant les factieux, prodiguant l'argent aux uns, distribuant aux autres des commandements, il eut bientôt ainsi à sa disposition une petite armée de cinq ou six mille hommes auxquels il donna rendez-vous pour le 11 octobre suivant dans les forêts d'Andaine et d'Escouvy.

Quelque soin qu'on eût pris de dissimuler ces démarches, de telles levées d'hommes, de tels prépara· tifs de guerre n'avaient pu échapper à l'attention du duc de Longueville, ni à la vigilance du Lieutenant général Matignon. Le Parlement lui-même avait été averti, mais Rouen, la ville où il siégeait, étant trop éloignée pour qu'il pût se rendre un compte exact du progrès de cette conspiration, il avait envoyé en Basse-Normandie un de ses membres, le conseiller du Rozel, avec mission de prendre toutes les mesures nécessitées par les circonstances.

Telle était la situation, lorsque dans la nuit du 7 octobre 1621, Turgot fut averti, dans son château des Tourailles, petit bourg également distant de cinq lieues des villes de Falaise et de Domfront, de la présence de Montchrestien et de plusieurs de ses affidés dans une hôtellerie voisine ; aidé de quelques amis il alla pour l'arrêter, mais il rencontra une vigoureuse résistance, la victoire fut chèrement achetée, trois des assaillants furent tués. Vainement l'on essaya de se saisir de tous les conjurés, à l'ombre de la nuit cinq ou six parvinrent à s'enfuir, seul le valet de Montchrestien, grièvement blessé, pût être pris vivant; pour l'illustre factieux, plusieurs fois blessé en se défendant courageusement, il ne laissa qu'un cadavre ensanglanté entre les mains de ses vainqueurs.

Dès la pointe du jour Turgot dépêcha un exprès à Matignon pour lui annoncer le combat de la nuit et son important résultat. Nous trouvons dans le *Mercure de France* de 1621 la réponse de ce dernier :

« Monsieur, j'envoye M. d'Orbeville vers vous sur le subject dont vous m'avez escrit et suis parfaictement ayse de l'action que vous avez faicte, mais j'eusse bien desiré, s'il eust été possible, que Vatteville eust esté prins en vie. Il le fera amener en ce lieu ; je vous prie le luy mettre entre les mains et son valet. Je serois bien ayse de vous voir icy et vous tesmoigner le contentement que j'ay reçu du service que vous avez rendu au Roy en ceste occasion, et vous asseurer que je suys et seray tousiours vostre très affectionné à vous servir.

« MATIGNON. »

Disons de suite que du camp devant Montauban, le roi écrivit la lettre suivante à Turgot, pour le féliciter de son action courageuse :

« Monsieur des Tourailles, ayant esté adverty par mon cousin le duc de Longueville de ce qui s'est passé en la

mort d'ung nommé Vatteville et du service que vous
m'avez rendu en ceste occasion, je vous ay voulu escrire
ceste lettre pour vous mander que je vous scay gré de
l'affection que vous y avez faict paroistre pour le bien
de mon service et comme je m'asseure que mettrez peine
de descouvrir de ce qui est de la suite de ceste affaire
pour nous en advertir, et que vous continuerez à apporter
ce qui dépendra de vous pour vous y opposer. Aussi
devez-vous croire que je vous feray volontiers ressentir
les effets de ma bonne volonté envers vous, quand l'occasion s'en présentera : priant Dieu qu'il vous ayt,
Monsieur des Tourailles, en sa saincte garde.

« Escript au camp devant Montauban le 22ᵉ jour d'octobre 1621.

« Louis. »

Cinq jours après les événements du bourg des Tourailles, le mardi 12 octobre, les juges de Domfront rendirent ce jugement :

« Nous disons le dit Antoine Montchrestien, autrement
Mauchrestien, être dûment atteint et convaincu du crime
de leze-majesté au premier chef, pour les factions,
menées, assemblées et conférences par luy faictes avec
l'assemblée de la Rochelle, leurs adhérans et confe-
derées, amas et soulèyemens de gens de guerre pour
porter les armes contre le service de sa Majesté, et con-

travention de ses esdits, en vertu des commissions des
dits rebelles de la Rochelle. Pour punition et réparation de quoy, nous avons ordonné que le corps dudit
Montchrestien sera ce jourdhuy, 3 heures de relevée,
traisné sur une claie en la place de la Brière près ceste
ville, lieu accoustumé à faire les exécutions criminelles,
et là sur un eschaffaud ses membres brisez sur un gril en
la forme et manière accoutumez; puis son dict corps
brulé et réduit en cendre, et les cendres jetées au vent
par l'exécuteur des sentences criminelles. Tous les biens
du dit défunct Montchrestien acquiz et confisquéz au
Roy. »

Le Parlement de Rouen avait été informé aussi promptement que possible de la mort de Montchrestien et, dès
le 11 octobre, avait rendu contre son cadavre un arrêt
identique.

Le *Mercure de France* nous a encore à ce propos conservé
cette lettre du président Faucon de Ris à Turgot :

« Monsieur, vous avez opéré selon la fidélité et affection que portez au service du Roy, dont vostre lettre du
septiesme et le gentilhomme porteur m'a faict amplement
entendre l'histoire de tout : j'ay escrit à ceux mesmes
ausquels vos lettres s'adressoient pour accompagner
le dit gentilhomme. Je vous envoie l'arrêt de la Cour que
vous ferez executer, s'il vous plaist, par le sieur de Restot

ou autre lieutenant du prévost général, et envoyerez avec
les prisonniers les commissions, papiers dont eux et les
morts sont trouvés saisis avec l'information qui a este
faicte. Vous avez rendu un bon service, et ne doute point
que S. M. ne l'ait très-agreable. Si je vous puis rendre service, usez de moy, et faictes estat que je suis, Monsieur,
vostre très-humble et très-affectionné serviteur.

« A Rouen ce 13 octobre 1621.

« FAUCON. »

Mais il n'était plus possible d'obéir à la demande au
sujet du principal coupable, les juges de Domfront, selon
la teneur de leur sentence, avaient fait, dès le jour même,
procéder à l'exécution.

Le Parlement put au moins se faire amener à Rouen
sous bonne escorte, avec le valet de Montchrestien, sept
complices révélés par les papiers saisis; ceux-là, moins
bien inspirés que tous les autres, n'avaient pas mis
suffisante diligence à s'enfuir. Détenus quelques jours
à la conciergerie du palais, ils furent bientôt, malgré
les efforts de quelques personnes riches et influentes,
condamnés à mort et exécutés sur la place du Vieux-
Marché.

C'est la mort de Montchrestien sieur de Vatteville, que
relatent, avec quelques inexactitudes dans les détails, les

deux très rares plaquettes que nous réimprimons : *La mémorable exécution des rebelles à Sa Majesté, faites par arrest du Parlement de Rouen, suivant le commandement du Roy. Ensemble la deffaicte des bandoliers courans la Normandie, par le sieur de Tourailles Turgot, Chevalier, et l'un des vingt-quatre Gentilshommes ordinaires, pres la personne de sa dicte majesté. Troyes, P. Chevillot, 1621(1), et aussi La deffaicte des troupes du sieur de Montchrestien levées en Normandie, contre le service du Roy, sa mort et tout ce qui s'est passé en la poursuite et exécution des rebelles; par les gens de M. de Matignon. Paris, Ab. Saugrain, 1621.*

Pour mieux faire apprécier l'important événement auquel elles se rapportent, nous avons cru devoir les faire précéder de ce rapide exposé historique et pour fixer quelques dates altérées, faire plus certains quelques points diversement racontés, il nous a paru utile de recueillir le témoignage, jusqu'à ce jour trop négligé, d'un illustre contemporain presque témoin de ces faits. Notre grand poète Malherbe, écrivant à Peiresc, lui a en effet raconté, sous leurs différentes dates, les péripéties de cet intéressant épisode des guerres religieuses en Normandie, nous avons exprès réuni à la suite, dans un appendice, ces curieux fragments de correspondance.

(1) Ce n'est sans doute pas ici l'édition originale, on trouve cette même pièce souscrite comme la suivante : *Paris, Abraham Saugrain*, 1621.

2

Après le récit complet de ces événements, Montchrestien tué, sa cendre jetée au vent, n'inspirerait plus d'autre intérêt que celui de la compassion si son nom ne se voyait inscrit sur plusieurs ouvrages encore recherchés et lus par quelques curieux : un traité d'économie politique et surtout un assez ample recueil de vers. La place nous manque ici pour étudier, pour apprécier comme nous aurions aimé à le faire, son œuvre poétique. Nous ne pouvons qu'énumérer rapidement le contenu de ses différentes éditions : d'abord sept pièces en cinq actes, qui furent toutes jouées dans leur temps avec quelque succès ; la *Cartaginoise, ou la Liberté*, il l'avait fait paraître à son début, en 1596, sous le titre de *Sophonisbe ; Les Lacenes, ou la Constance,* qui a pour sujet la mort de Cléomène, roi de Sparte ; *David, ou l'Adultère ; Aman, ou la Vanité ; Hector*, et enfin *L'Escossoise, ou le Désastre ;* pour la première fois il y introduisit sur la scène la mort de Marie Stuart, c'est la pièce que le poète dédia au fils de l'infortunée reine, à Jacques Ier, roi d'Angleterre ; viennent ensuite : un poème en quatre chants *Susane, ou la Chasteté ;* des *Bergeries* faites pour être représentées, et, pour terminer, des *Sonnets,* des *Discours,* des *Stances,* des *Epitaphes.* On a quelquefois cité Montchrestien comme un des meilleurs disciples de Jodelle, comme un digne précurseur de Corneille ; il serait téméraire de s'inscrire en faux contre ce jugement, sans apporter des preuves suffisantes à l'appui d'une opinion contraire (1), il semblerait pourtant plus vrai de dire, en dépit de quelques citations heureusement cherchées à travers ses œuvres, que toujours le même, sans frein, sans règle, il a laissé dans ses écrits des traits d'esprit, comme il a montré dans sa vie des élans de courage, ici et là, trop souvent gâtés par l'irréflexion ou la témérité.

C. L.

(1) Dans son poëme de *Susane,* au milieu d'une interminable description des beautés de son héroïne, on trouve cette peinture singulière :

> Sa gorge vient aprés plus blanche que le lait,
> Caillé nouvellement en formage mollet ;
> On diroit à la voir d'un beau pilier d'ivoire
> Où Cupidon append les trofés de sa gloire.
> D'autant que pour l'habit le sein ne se peut voir.
> Au vent de ses soupirs on l'apperçoit mouvoir,
> Tout ainsi que la mer doucement se remüe,
> Lors que des vents d'Avril son échine est émüe.

APPENDICE.

A Caen, ce jeudi 14ᵉ d'octobre.

. . . . . M. de Longueville est venu à Alençon pour y éteindre quelque feu qui sembloit s'y vouloir allumer. M. de Matignon y est venu aussi de son côté ; mais, grâces à Dieu, ils ont treuvé la besogne bien avancée. Je ne doute point que vous n'ayez eu votre part des faux bruits que nous avons eus ici ; j'en fais la conjecture par les bourdes que l'on nous a contées sur ce sujet, et crois qu'en étant plus éloignés que nous ne sommes, on a été plus hardi à vous dire des mensonges. On nous a tantôt dit qu'il y avoit deux mille hommes, tantôt huit cents ; chacun se dépêchoit d'en conter selon sa peur ou selon son desir. On y envoya de cette ville un espion, qui rapporta qu'ils pouvoient être cent cinquante ou environ, et que leur retraite étoit en une forêt nommée la forêt d'Andeine, assez près d'Alençon et s'en alloient vivre par troupes dans les lieux circonvoisins ; mais qu'ils se promettoient bien d'être en peu de jours un beaucoup plus grand nombre, et qu'ils avoient dessein sur Falaise, Argentan, Domfront et Alençon. Je ne sais certes à quelle fin, et ne vois point qu'ils puissent faire autre chose que de voler et piller le plat pays. Le gouverneur d'Alençon fut le premier à eux, et, à ce que l'on dit, en tua quelque dix ou douze, et en prit bien autant. Ce qui leur a donné échec et mat a été la mort d'un nommé Montchrestien, qui étoit le directeur de toute cette affaire, et alloit deçà delà par les maisons des huguenots, s'assurant d'hommes et d'argent pour dresser son armée imaginaire. Après qu'il eut bien rôdé par ces quartiers-là, enfin il vint, il y a aujourd'hui huit jours sur les huit heures du soir, accompagné de six autres gens de même qualité, à une hôtellerie d'un lieu nommé les Tourailles, qui est à douze lieues d'ici. Aussitôt l'avis en fut donné au seigneur du lieu, auquel appartenoit l'hôtellerie; il s'y en vint à l'instant avec quinze ou vingt mousquetaires. Montchrestien et ses compagnons se défendirent si bien qu'ils tuèrent les trois premiers qui se présentèrent à la porte de sa chambre, entre lesquels étoit un gentilhomme nommé l'Escarde, de cette ville, fils unique de sa maison, et riche de cinq ou six milles livres de rente, qui fut apporté ici, où il fut inhumé hier au matin. Au pied de la montée il se treuva un vieil gentilhomme qui tira un coup de pistolet à Montchrestien, et le tua; il y eut aussi un valet de Montchrestien blessé d'un coup de carabine au genou, dont il tomba et fut fait prisonnier; les autres cinq échappèrent par une fenêtre. On dit que l'on en a trouvé un mort à une lieue de là. Monchrestien a été ou sera mis sur la roue, tout mort qu'il est. Le mal de tout ceci est que celui qui avoit ses mémoires, nommé Rochefontaine, qui avoit été gendarme du comte Maurice, s'est sauvé, et n'a-t-on treuvé sur Montchrestien autre chose qu'un billet, qui étoit dans son cordon, où il y avoit seulement écrit en chiffre sept mille sept cent soixante et dix neuf; mais de savoir

ce que cela vouloit dire, il n'y a moyen : son valet même ne le
sait pas, ou ne la pas voulu dire. Voilà la fin de Montchrestien. Vous
le pouvez avoir vu à la suite du conseil, il y a, ce me semble, deux
ou trois ans. Il a fait un livre de tragédies en vers françois; je
crois que c'étoit ce qui lui avoit donné sujet de me venir voir deux
ou trois fois. Il étoit homme d'esprit et de courage, dont il avoit
fait preuve en d'autres occasions qu'en celle-ci. Je me trompe ou
il donna en ce même temps-là un livre in-4° de sa façon, assez
gros, à Monsieur le garde des sceaux, et me semble que le sujet
de son livre étoit du commerce, ou de quelque chose pareille. Il
étoit fils d'un apothicaire de Falaise, et dit on que le nom de sa
maison étoit *Mauchrétien*; mais que pource qu'il ne lui plaisoit
pas, il l'avoit changé en Montchrestien. Les Tourailles s'appelle
en son surnom *Turgot*, et est des ordinaires du Roi, neveu d'un
maître des requêtes, que vous pouvez avoir vu, nommé Saint-
Clair. Voilà l'histoire de Montchrestien, que je vous ai dite assez
au long, pource que je me doute bien que, selon la coutume,
on vous aura conté des chimères là-dessus : tant y a que par sa
mort nous croyons être en repos en Normandie.....

A Caen, ce 2ᵉ de novembre.

. . . . Je n'ai rien à vous dire en revanche de vos nouvelles,
sinon que lundi 25ᵉ du passé furent amenés en cette ville sept
des camerades de Montchrestien desquels son valet étoit l'un;
le principal de tous étoit un nommé les Ventes, que l'on dit avoir
eu quelque part en ses conseils ; les autres étoient gens de peu,
et presque tous parents de Montchrestien. Le lendemain ils furent

menés par le prévôt à Rouen, où, si les fêtes ne leur ont allongé la vie, je crois qu'ils sont déjà pendus. On leur a treuvé, à ce que l'on dit, quelques commissions pour lever des hommes.....

A Caen, ce 12ᵉ de novembre,

. . . . . Il passa, il y a trois ou quatre jours, par cette ville un conseiller d'Église du parlement de Rouen, nommé du Rosel, lequel, s'étant treuvé sur les lieux du temps de la prise de Mont-chrestien, en a informé. Il a laissé ici à quelques-uns de ses amis le suivant mémoire dont je vous envoye la copie ; mais je crois, ou qu'il n'a pas tout découvert, ou qu'il n'y a pas mis tout ce qu'il sait ; mais les prisonniers qui sont entre les mains de la cour diront le reste.....

Le Sʳ de la Ravardière.

Le Sʳ de Moigneville, fils du Sʳ de Briqueville.

Le baron de Tournebe.

Le Sʳ d'Anfernel, neveu de Montgommery.

Cerisy Patron.

Beaumont d'Ouville.

Le Sʳ de Gonneville.

Le Sʳ de Videlou pour Montgommery, ayant fait porter ses biens et son argent chez sire Jan Paulet, Sʳ de St-Ouen à Jersey, qui est l'entremetteur des huguenots pour l'Angleterre et grand ami de Montgommery.

Le baron de la Haye du Puys. Mʳ de Briqueville les est venu voir et eux lui récentement.

Tous les dessus-dits sont allés aux îles de Jersey et Gernesey, auquel lieu de Gernesey il y a des vaisseaux rochelois de xxiiii en xxiiii heures, et a-t-on porté des poudres au Sr de Gonneville par le passage des rades de Linerville, où il fait passer et repasser par ses vaisseaux nuit et jour toutes personnes.

Il a levé du mois de juin dernier de Caen pour plus de sept mille livres d'armes, et ses beaux-frères de même. Il les tient chez Nicolas le Noble et Guillaume Lendet, ses vassaux, cachés.

Outre le susnommé, le Gousrière, armurier de Coustances, a toujours depuis travaillé pour lui aux armes, comme il fait encore de présent; et assurément ledit sieur de Beaumont a paquet pour l'assemblée de la Rochelle à distribuer à Caen et ailleurs.

La Haye du Puys s'est saisi du prieuré de Saint-Germain-sur-E., et des autres maisons qui y sont sur le bord de la mer.

Gonneville, par le moyen des rades de Linerville et de sa terre de Gonneville, fait passer aux Iles tout ce que bon lui semble et plus de là. Briqueville tient Renieville, qui est un château sur le bord de la mer et le meilleur havre de Costentin.

Tellement que les huguenots ont près de dix lieues de côte [pour] eux en ce quartier là.

S'il y a quelque ambiguité en ce mémoire, prenez-vous-en à celui [qui l'a] fait, et non à moi qui l'ai transcrit fort fidèlement.

Adieu, Monsieur; voilà trop de paroles; mais excusez la liberté de votre serviteur très-humble et très-affectionné.

MALHERBE.

LA
DEFFAICTE
DES TROVPPES

DV SIEVR DE MONT-
Chreſtien, leuées en Normandie, contre le ſeruice du Roy.

*Sa mort, & tout ce qui s'eſt paſſé
en la pourſuitte & execution
des Rebelles; Par les gens de
Monſieur de Malignon.*

A PARIS,
Chez Abraham Saugrain.
M. DC. XXI.
Auec Permiſſion.

LA DEFFAICTE DES TROUPPES
du fieur de Mont-Chretien, leuées
en Normandie contre le
feruice du Roy.

ONT-CHRETIEN eſtoit vn homme lettré & de plume plus que d'armes & de main, de ſa premiere condition il eſtoit Catholique, ainſi que l'on aſſure; Et du depuis ayant eſpouzé vne Dame de la Religió Pretenduë Reformée, changea auſſi de religion pour ne perdre l'occaſion d'vn ſi auantageux party : neantmoins, cela n'empeſcha pas que ſa fortune ne fuſt auſſi toſt cóbatuë d'enuie & d'ennemis, qui luy ſuſciterent des querelles pour leſquelles maintenir & ſe deffendre, jetta dans les Cópagnies les plus faƈtieuſes & determinées qui l'ont finalemét perdu, voyla ce que l'on remarque de ce perſonnage.

Dernieremét il fut l'vn de ceux qui ſe jetterent dãs le Chaſteau de Sully, auec reſolution de tenir bon là dedans pour incommoder le paſſage, & tenir la nauigation ſuſpeƈte ſur la riuiere de Loire du coſté de Berry & Sologne.

Monſieur le Prince de Condé ayant reduit la ville de

Sully en l'obeyſſance du Roy ; dreſſe ſes batteries contre le Chaſteau, il le force & contrainct la Garniſon de ſe rendre, notamment ledit Mont Chreſtien qui eſtoit dedans eſt forcé d'en ſortir & battre la retraicte, au mois de Iuin dernier, pendant que ſa Majeſté aſſiegeoit la ville de S. Iean d'Angely.

Il c'eſt donc jetté finallement en Normandie, & à commancé de ſe meſler à bon eſcient auec ceux qui auoiët le plus d'ëuie de remuer & de peſcher, comme l'on dit, en eau trouble, il ſe trouue au temps que certaines Commiſſions ſe diſtribuoient pour leurs gens de guerre au prejudice du ſeruice du Roy & repos de ſon Eſtat, & particulierement du païs de Normandie, quelques nombres deſdictes Cõmiſſions tõbent entre ſes mains, comme eſtant recogneu homme de factiõ & tout tel qu'il le faut, pour vne telle illicite entrepriſe, ſoubz ce pouuoir il gaigne quelques vns à ſa faction, deſbauche vn bon nõbre de jeuneſſe des notables familles des villes de Damfront & d'Alençon & autres lieux de la baſſe Normandie, & ſ'eſtant aſſocié de pluſieurs mauuais garniemens comme luy, tiennent des foreſts & la Campaigne & mettent preſque toute la Prouuince en allarme.

Les plaintes de ces leuées viennent à la cognoiſſance de Monſieur le Duc de Longueuille Gouuerneur de Normandie, qui projetta auſſi toſt l'ordre qu'il falloit tenir pour diſſiper toutes ces leuées, voit que le trouble ſe reſpond particulierement au de là de Falaiſe proche d'Alençon, Damfront, le Pont, & en baſſe Normandie. C'eſt pourquoy il mande à

Monfieur de Matignon qu'il tienne la main à faire affembler
toute la Nobleffe du païs & faire monter promptement à
Cheual les Prevofts Archers & autres Compagnies armées
pour pourfuyure lefdictes leuées & aller au deuant des deffeins de Mont Chreftien.

Pour l'expeditió de cette affaire il ne fe trouue homme
plus propre pour entreprédre cefte expedition qu'vn jeune
Gentil-homme & Capitaine nommé Turgot, il fe prefente
au deuoir & promet tellement f'acquitter de fa charge qu'il
y demeurera, difoit il, où le Roy feroit feruy obey & ref-
pecté : On luy donne quelque nombre de Cheuaux tous
bons Compagnons en nóbre de quelque cens trois Cheuaux,
il f'approche du lieux ou il a aduis que ledit Mont-Chreftien
faifoit fes courfes & fes degafts auec les forces qu'il auoit
en main. Il ny a eu endroit dans les bois & forefts, ny car-
rieres des enuirons de Damfront Alencon & autres lieux
voifins qu'ils n'ayent defcouuerts, Chafteau qu'ils n'ayent
foüillé, ny maifon forte qu'ils n'ayent vifitées jufques aux
caues pour chercher le gifte des Rebelles.

Finallement ayant pourfuiuy ledit Mont-Chreftien, &
l'ayant efpié logé à l'efcart des fiens dans vn petit hameau
en vne hoftellerie auec dix de fes plus determinez affociez,
le fieur Turgot l'y attaqua, & apres que Mont Chreftien fe
fuft quelque temps deffendu, & tuë de fa main deux foldats,
ne voulant fe rendre, Turgot luy porta vn coup de piftolet
en la tefte & le tue, & les dix autres furpris, fors vn ou deux
qui s'euaderent par vne feneftre de derriere.

Ceux-cy enquis fur les deffeins de Mont-Chreftien decla-
rent force chofes enclofes dans vn long procez verbal qui a
efté enuoyé, donnent aduis du rendez-vous d'autres trouppes
de cefte faction, nommément les plus apparens par noms
& furnoms, & de la font amenez dans Alençon, ou la plufpart
ont efté pendus, excepté trois qu'on dit auoir efté menez à
Rouën.

Sans perdre temps Turgot & les Preuofts cherchent le
refte, pendent tout ce qu'ils en trouuent aux branches des
arbres, & ont efté emprifonnez quelques vns defquels on ne
fera aucune execution que le Roy n'ait enuoyé fa volonté,
fur ce on a fceu que Mont-Chreftien eftoit chargé de plufieurs
Commiffions pour faire des trouppes en Normandie, dont
iceluy fut trouué faifi, comme auffi quelques autres de fa
fuitte, qui ont efté enuoyez au Parlement de Rouën auec
tout le fecret de leur deffein, & le roole d'vn bon nombre
de ieuneffe des meilleures familles d'Alençon, Damfront,
le Pont & d'ailleurs, montant à plus de cinq cens hommes
enroollez, dont la plufpart tenoient ia la Campagne, & les
autres du depuis s'en font fuys : crainte d'eftre apprehendez,
lefquels augmentans en nombre d'autres garniments euffent
bien trauaillé cefte Prouince, fi les Gouuerneurs ny euffent
apporté la diligence requife.

De forte que ce n'a point efté faute de diligence que l'on
n'ait preueu & preuenu lefdites leuees, que Dieu mercy &
le foing de Meffieurs le Duc de Longueuille & de Matignon,
n'ont fceu picorer ny faire progrez tel qu'ils euffent bien

voulu. Les gardes bonnes & feures ont efté recommandees par toutes les places de confideration & autres.

Et eft à remarquer que ces prodigues commencerent en Normandie toft apres ce qui arriua à Paris, dont Monfieur le Duc de Montbafon, non content d'auoir expofé fa perfonne au milieu des hazards, pour monftrer combien il a de paffion pour le feruice du Roy & repos de fes fubiets, en donna aduis par lettres à Monfieur le premier Prefident de Rouën, laiffant à fa prudence de veiller à la conferuation de la paix, & repos de tous les fuiets du Roy qui font en icelle grande Prouince, l'vn des plus beaux membres du Royaume, & des plus affectionnez à fa Maiefté.

FIN.

PERMISSION.

IL eſt permis à Abraham Saugrain Libraire à Paris, faire Imprimer vn petit liure intitulé : *La deffaiꞔe des trouppes de Mont-Chreſtien, leuees en Normandie contre le ſeruice du Roy, ſa mort & tout ce qui c'eſt paſſé en la pourſuite & exemption des rebelles, par les gens de Monſieur de Matignon.* Et deffences à tous Libraires, Imprimeurs, Colporteurs & autres de l'Imprimerie, ny vendre d'autre Impreſſion, à peine de confiſcation & de cinquante liures d'amende. Fait à Paris, le 2. Nouembre 1621.

LA
MEMORABLE
EXECVTION DES RE-
belles à sa Majesté, faictes par Arreft
du Parlement de Roüen, fuiuant le
commandement du Roy.

*Enfemble la deffaicte des Bandoliers cou-
rans la Normandie.*

Par le fieur de Tourailles Turgot, Cheualier, &
l'vn des vingt quatre Gentils hommes
ordinaires, pres la perfonne de fa-
dicte Majefté.

A TROYES,
Par PIERRE CHEVILLOT,
l'Imprimeur du Roy.

M. D. C. XXI.
Auec Permiffion

Endant que le Roy trauaille à reproduire en fon
obeiffance les villes & places de ces Prouinces de
poiƌou, Guyéne & Languedoc, iniuſtemét de-
tenus par ſes ſubieƌs rebelles : L'Affébléé tenant à la Rochelle & leurs confederez cherchét toutes fortes de ſujets
& moyens pour faire foufleuer les autres Prouinces de ce
Royaume contre le feruice de ſa M. font efleƌtion d'hómes
d'efprit & de courage qu'ils cognoiffent faƌtieux & propres
à executer leurs mauuais deffeins leur fót deliurer des
cómiffions de ladite Affemblée, auec argent & lettre de
change, addreſſez à ceux de leur party, en fin n'efpargnent
riẽ de ce qu'ils eſtiment feruir a l'execution de leurs perni-
cieufes entreprinſes, Vatteuille Mont-Chreſtien qui faifoit
profeffion de la R. P. R. des premiers employez en cefte
rebellion, ſa naiffance ne le pouuoit pas porter à de ſi hauts
deffeins, mais ſon efprit & ſon courage luy ayant faitefpoufer
vne Dame riche & de l'vne des bónes maifons de Normandie,
& ſon ambitió propres & capables de tout entreprẽdre,
luy promettoyent affeurement que ſi les affaires de ce party
reuffiffoient, il y auroit bonne part. Ledit Vatteuille quitta
dóc au mois de Iuillet dernier la ville de Chatilló fur Loyre :
de laquelle il eſtoit auparaùant Gouuerneur fous Monfeigneur le Prince, pour entrer dans ſe party ſe ietta par apres
auec quatre cens hómes dans les villes de Sully, Gergeau &

Sanferre, reuoltées contre le feruice du Roy, auec refolution
d'y attendre le fiége : mais Monfeigneur le Prince s'en eftant
approché auec les trouppes pour les affieger, & ledit Vatteuille ne iugeát pas pouuoir longuement tenir, il les auroit
renduës à compofition, & fur la fin dudit mois de Iuillet il
s'eftoit retiré à la Rochelle, y feiourna quinze iours, & pé-
dant ce temps affiftoit au confeil de l'Affemblée des rebelles
tenant en ladite ville de la Rochelle . dont eftant party au
mois d'Aouft dernier, faifi de cent Commiffions de ladite
Affemblée pour faire leuée de plufieurs Regimens & Compagnies de cheuaux legers contre le feruice du Roy, és Prouinces de Normandie, du Mayne & ailleurs, il paffe par les
villes du Mans, d'Alençõ, Domphront, Argétem, Falaize,
& autres villes, places bourgs & villages ou il auoit des
habitudes & cognoiffances, communique fes deffeins à fes
plus intimes & qu'il cognoift affectionnez pour le party, vifite
les Gentils-hómes de ladite R. P. R. & autres de leur ca-
balle, deliure fecretement partie desdites Commiffions & de
largent à des Capitaines pour s'affeurer & leuer des gens
de guerre, diftribuë luy mefme de l'argét à quelques foldats
qu'il cognoiffoit vaillans & aguerris, court ça & là, affifté
feulement en fes courfes & caualcades de dix à douze de fes
Capitaines les plus determinez & bié armez, s'affeure de
ceux de fa faction & entreprife, & voyát qu'ils eftoient en
eftat de ce mettre aux cháps, il va luy mefme leur donner
le rendez-vous, & ne tarde iamais qu'vne heure ou deux
du plus en vn mefme lieu, craignát d'eftre furpris.

Monſeigneur le Duc de Longueuille Gouuerneur pour ſa
M. en ɴormandie, & Monſeigneur de ᴍatignon, Lieutenāt
General audit Gouuernement bien aduertis de ces brigues,
menés, conferences & fouſleuemens, & de l'orage qui mena-
çoit tant ladite Prouince, que les circonuoiſines : Ils s'achemine auec quelques trouppes vers les villes d'Argenten &
Domphront pour charger Vatteuille & ſes bandoliers, qui
deſia eſtoient en bon nombre dans les Foreſts d'Alençon,
d'ᴀndaine & du Mayne, où ils voloyent, pilloyent & raua-
geoyent les bourgs & villages voiſins, attendans que les
autres de leur party euſſent mis aux champs pour groſſir
leurs trouppes, & ce pendāt Vatteuille ne perd courage,
n'apprehende rien, au contraire il continuë ſes courſes &
caualcades iour & nuiɛt, aduertit ſecretement ceux de ſon
party qui deuoient mettre aux champs, & s'auancer leur
donne le rendez vous pres des Foreſts d'Alençon & du Mayne
au Lundy unzieſme Nouembre, ou veritablemēt ils ſe fuſſent
trouuez au nombre de cinq à ſix mille hommes : mais comme
Dieu qui diſſipe & ruine les conſeils & entrepriſes des meſ-
chans quād il luy plaiſt, permet que ledit Vatteuille Mōt-
Chreſtien auec huiɛt Capitaines determinez qui l'aſſiſtoient,
arriuent le Ieudy la nuiɛt dix-ſeptieſme Nouembre au bourg
des Tourailles, diſtant de cinq lieuës de la ville de Falaize,
& autant de celle de Domphront, logent en vne tres-forte
hoſtellerie audit bourg.

Vatteuille ne voulant pas eſtre recogneu, entre prōptement
dans l'vne des chambres, commande à ſon valet de luy faire

ſeruir dequoy ſoupper, faire repaiſtre ſes cheuaux & les tenir
preſts de partir dans deux heures.

Le ſieur des Tourailles Turgot, qui lors eſtoit en ſon
Chaſteau des Tourailles, diſtant d'vn demy quart de lieuë de
ſondit bourg, eut incontinét aduis de l'arriuée dudit Vatteuille & ſes compagnons en ladiſte hoſtellerie, luy qui eſt
l'vn des vingt-quatre Gentils-hommes ordinaires pres la
perſonne du Roy, & qui depuis dix ans a continuellement
ſeruy ſa M. tant en ſadiſte charge d'ordinaire, qu'en la con-
duiſte d'vne compagnie de Cheuaux Legers, n'euſt pas ſi
toſt receu c'eſt aduis, qu'il ſe reſout a l'inſtant pour l'affection qu'il a au ſeruice du Roy & au bien & ſalut du pays,
de prendre & arreſter ledit Vatteuille & ceux de ſa ſuitte où
bien y perdre la vie.

S'eſtant dont ledit ſieur des Tourailles fait aſſiſter de deux
Gentils-hómes qui eſtoient chez luy de ſes domeſtiques, &
de quatre autres Gentils-hómes, & trois Soldats ſes voiſins,
& bien aduerty que ledit Vatteuille & les ſiens s'appreſtoient
pour partir de ladite hoſtellerie, il s'aduance próptement
auec ce qu'il auoit de gens, inueſtit l'hoſtellerie, ſomme
Vatteuille de ſe rendre.

Au lieu dequoy faire luy & ſes compagnons tous gens
deſeſperez, armez de chacun vne carabine & deux piſtollets,
ſortent courageuſement, tirent pluſieurs coups ſur ledit ſieur
des Tourailles & les ſiens, tuent deux Gentils-hommes &
vn Soldat du nombre de ceux qui aſſiſtoient lediſt ſieur des
Tourailles, lequel au meſme inſtant tuë lediſt Vatteuille ſur

la place, arreste son valet de chambre fort blessé, mais ses
compagnons quoy que tous fort blessez en ce conflict, s'es-
chappent à la faueur de la nuict, & des tenebres, trauersent
à nage la riuiere des Tourailles proche de ladicte Hostellerie,
& le lendemain du matin furent rencontrez par des chemins
escartez, fort incómodez de leurs blessures, & quelque recherche qu'on en peust faire lors, il fut impossible de les
trouuer, d'autant qu'ils auoient des retraictes asseurées en
aucunes maisons fortes du pays, ou quelques vns desdits
blessez sont du depuis morts à cause de leurs blessures.

Apres ce conflit finy le Sieur des Tourailles faict porter
dans son Chasteau le corps dudict Vatteuille Mont-Chrestié
mort, & son valet de Chambre ainsi blessé, donne & distribuë
les armes, cheuaux & autre equipage dudit Vatteuille & ses
compagnons, aux Gentils-hommes & soldats qui l'auoient
assisté en cest occasion, & le lendemain il mande de grand
matin le Iuge du lieu afin de faire examiner le valet prisonnier, craignant que ses blessures le fissent mourir auant son
examen, donne incontinent aduis de ceste deffaicte à Monsieur de Matignon qui estoit en la ville de Dóphront proche
de cinq lieuës, en escrit à Monseigneur le Duc de Longueuille & à Messieurs du Parlement de Rouen & leur enuoye
la coppie de l'examen dudit valet qui a descouuert beaucoup
de choses importantes pour le seruice de sa Majesté, depesche
vn Gentil-homme qu'il enuoye en poste trouuer le Roy au
Camp deuant Montauban, & escrit à sa Majesté ce qu'il
auoit fait pour son seruice : le lendemain de ce conflit, Mó-

fieur de Matignon enuoye plufieurs Gentils-hommes & le Capitaine de fes gardes vers ledit Sieur des Tourailles, luy efcrit le contentement qu'il auoit reçeu du fignalé feruice qu'il auoit rendu au Roy & à la patrie en la deffaiĉte dudit Vatteuille Mont-Chreftien et de fes bandoliers, le prie de luy enuoyer le Cadaure de Vatteuille & fon valet prifonnier, afin de faire faire leur procés. Suyuant quoy ledit Sieur des Tourailles les enuoya à mondit Sieur de Matignó, qui fiĉt diligemment trauailler à leur procés par les Iuges ordinaires de Dóphront, lesquels, par le fecond examen du vallet dudit Vatteuille, defcouurent que partie des Commiffions que Vatteuille fon maiftre auoit apportées de l'affemblée de la Rochelle en tant qu'il en reftoit à diftribuer, eftoit chez vn nommé des Ventes Coufin dudit Vatteuille, demeurant deux lieuës proche de Domphront, les gens de Monfieur de Matignon y vont promptement trouuent lefdiĉtes Commiffions au nóbre de quarante huiĉt qu'ilz luy apporterent à Domphront, & le vingtiefme iour dudit mois de Nouembre, les Iuges & Officiers du Roy de ladiĉte ville de Domphront, apres les informations deuëment faiĉtes, donnent iugement contre ledit Vatteuille, par lequel, *Il eſt iugé & declaré deuëment attaint & conuaincu du crime de leʒe Majeſté au premier chef, pour les faĉtions, menees, aſſemblees, & conferences par luy faiĉtes auec l'aſſemblee de la Rochelle, leurs adherants & confœderes, amas & ſoufflemens de gens de guerre, pour porter les armes contre le ſeruice de ſa Majeſté, en vertu des Commiſſions des Rebelles de*

la Rochelle, pour punition & reparation de quoy, il a
esté ordonné que son corps seroit trainé sur vne claye,
rompu sur vne Roue, puis bruslé, & les cendres iettees
au vent par l'executeur des sentences criminels. Ce qui
fut aussi executé le mesme iour. Ce pendant le Parlement
de Rouen donne Arrest l'unziesme iour dudit mois sur la
remonstrance de Mosieur le Procureur General, & ordonne
que le Cadaure dudit Vatteuille Môt-Chrestien seroit porté,
& son valet prisonnier conduit soubz bonne & seure garde
en la conciergerie dudit Parlement par le Vibailly de Caen.
Monsieur de Faulcon sieur de Rys premier President audit
Parlement & qui est fort affectionné au seruice du Roy bien
& salut de la Prouince, escrit audit sieur des Tourailles, luy
tesmoigne combien le Parlement en General & luy en son
particulier estimoit & approuuoit son action comme tres-
importante pour le seruice du ʀoy & bien public, luy
addresse l'Arrest de la Cour, le prie de le faire prôptement
executer, suiuant & en execution dequoy le seruiteur dudit
Vatteuille & les autres de leur cabale que du depuis auoient
esté pris par les gens de Monsieur de Matignon, ont esté
mené audit Parlement de ʀoüen, en attendant la volonté &
commandemêt du Roy sur ce subject, que sa Majesté a du
depuis faict entendre a sondit Parlement par ses lettres auec
commandement de faire le procés desdicts Rebelles.

Sa Majesté ayant eu certains aduis au Camp deuant
Montauban, de la deffaicte dudit Vatteuille & ses bandoliers,
& de ce qui s'estoit passé, a grandement aprouué l'action

ludit fieur des Tourailles, luy a efcrit qu'il luy en fçait gré
& de l'affeftion qu'il a fait paroiftre en cefte occafion au
bien de fon feruice, luy commande qu'il mette peine de
defcouurir ce qui eft de la fuitte de cette affaire, pour en
aduertir fa Majefté, & qu'il continue à s'oppofer aux entreprifes qui fe feroient contre fon feruice.

Apres cette deffaicte, monfeigneur de Longueuille &
Monfieur de Matignon en ayans aduis, fe retirerent à Roüen
& à fainct Lo.

Voyla comme les orages qui menaçoient la Normandie
ont efte calmes, car les factieux & rebelles ayans ainfi perdu
le chef de leurs entreprifes, ont ceffé de battre la campagne,
& quitté les forefts.

Tout y eft maintenant en repos au contentement du Roy
& de fes fidelles fubjects & feruiteurs, lefquels redoublent
chacun iour leurs feruentes prieres pour la fanté de fa
Majefté, que Dieu vueille conferuer, & luy donner de plus
en plus accroiffement de victoires & triomphes contre les
rebelles & ennemis de fon Eftat.

FIN.

HISTOIRE VÉRITABLE

DE CE QUI EST ARRIVÉ AU HAVRE DE GRACE TOUCHANT LA TRAHISON DE
LA CITADELLE; ENSEMBLE L'EXÉCUTION D'UN NOMMÉ DE MERET.

Cette plaquette très rare, qui provient de la bibliothèque de
M. Lechaudé d'Anisy, vendue après sa mort, en 1861, se compose, dans l'édition originale, de 8 pages d'impression, le titre
compris. Elle relate un fait qui a échappé à l'attention de tous
les historiens de la ville du Havre.

Richelieu avait déterminé Louis XIII à déclarer la guerre à
l'Espagne, le 10 mai 1635. Les débuts de la campagne avaient
été loin d'être heureux. Et au moment où la France comptait
conquérir la Belgique, elle s'était vue forcée de défendre ses
frontières, envahies de divers côtés. Ce fut au milieu de ces
circonstances que fut concertée avec le Cardinal-Infant, gouverneur des Pays-Bas, la trahison qui devait livrer la citadelle
du Havre à l'Espagne et lui donner un gage du genre de celui
qu'avait voulu prendre l'Angleterre en 1563.

Le sᵣ du Mest dont il est question à la page 4, est sans aucun
doute l'un des membres de la famille Dumé d'Applemont, originaire du Havre, dont l'un, Jacques Dumé, avait été appelé

en octobre 1635 auprès de Richelieu *pour le tenir au fait de la marine, quand il aura besoin de conseil*, et qui fut ensuite envoyé en Hollande avec une mission importante (1).

On remarquera, à la page 4, la mention de l'hôtel de *l'Aigle-d'Or*, qui existe encore rue de Paris.

V. TOUSSAINT.

(1) *Recueil des publications de la Société havraise d'Études diverses*, 1857-58, J. Dumé et N. Dumé d'Aplemont, par M. Borely, p. 341 et suiv.

L'HISTOIRE

VÉRITABLE DE CE

qui eſt arriué ces jours paſſez au Haure de Grace,
touchant la trahiſon de la Citadelle.

Enſemble l'exécution qui a eſté faite en la perſonne d'vn
nommé de Meret, lequel auoit vendu icelle
Citadelle à l'Eſpagnol.

A CAEN,

Chez Julian le Boulanger M⁕ Imprimeur,
au haut de Froide-ruë,

Auec Permiſſion.

HISTOIRE VÉRITABLE DE

*ce qui eſt arriué ces iours paſſez au Haure de Grace,
touchant la trahiſon de la Citadelle.*

Dieu! en quel ſiécle maudit & peruers auons
nous pris naiſſance, qu'il faille que nous y
voyons régner tant de perfidies, & tant de tra-
hiſons, & qu'il nous ſoit reproché que parmy
les Barbares, voire les plus deſnaturez de l'Europe, il y aye
plus de foy & de créance, qu'il n'y a de fidélité dans la
Monarchie Françoiſe. O Ciel! nous voulez-vous faire la
riſée de l'Vniuers, & nous rendre les eſclaues des Nations
Eſtrangères, pour nous punir de nos pechez? Non, non ce
qu'à Dieu ne plaiſe : mais plutoſt écraſez ces deteſtables
infidèles (leſquels oublians le deuoir qu'ils doiuent légitimement à leurs Potétats) ſe laiſſent aller ſi librement aux
belles promeſſes des ennemis de leur Prince.

Cette Hyſtoire veritable, que ie deſire faire voir ſuccinéte-
ment, fait aſſez pareſtre cóme ce meſme Dieu, protééteur
de nos Roys, s'oppoſe touſiours aux perfides deſſeins de
ceux qui taſchent de renuerſer cette floriſſante Monarchie.

Pour commencer dóc ce diſcours, vn ſurnommé de Meret,

l'vn des ſix Gardes appointez qui ſont dedans la Citadelle
du Haure, ayant parlementé auec vn Eſpagnol, eſtant priſonnier dans ladicte Citadelle que le Sieur du Meſt auoit
pris ſur la mer auec autres. De Meret luy donne inuen-
tion, (ſuiuant ſon aduis) de ſurprendre la place, ce que
Dieu aydant pour ſes Fideles, n'a pas permis : car comme
l'Eſpagnol retournant à Dunkerque, en paſſant par Dieppe
fut arreſté priſonnier & foüillé, on luy trouua vne petite
bourſe de fil blanc, dans laquelle eſtoit vne bague d'or, où
eſtoit graué le cachet dudit de Meret, auec vn quart de
fueille de papier blanc plié en trois, où eſt imprimé le cachet
en cire rouge : & entre les deux impreſſions eſtoit ſigné de
Meret. Fut auſſi trouué autre papier en la doubleure de ſa
baſque, contenât demy fueille eſcrite en langue Eſpagnolle,
qui contient ce qui enſuit.

Mémoire au Cardinal Infant de l'Eſpagne, d'enuoier icy
vn homme capable & ſuffiſant, & qui ſçaura parler Frâçois
pour venir au Haure de Grace loger à l'Aigle d'or, & en-
uoyera demander à la Citadelle de Meret : lequel Eſpagnol
donnera le papier où eſt imprimé aux deux bouts le cachet
dudict de Meret auec ſon ſein, & la bague qui ſera la
marque : Aprez ledit de Mere fera entrer dans la Citadelle
ledict Eſpagnol, ſouz apparéce d'eſtre parës, & luy fera
voir la place & tous les magazins, en l'eſtat qu'ils ſont : &
ſçaura ledict Cardinal, ſelon mon aduis, l'ordre qui ſe pra-
tiquera pour prendre ladicte place.

Il luy ſera pareillement enuoyé deux cents piſtolles pour
achapter

achapter trente cinq piftolets, & deux barils de poudre, &
pour faire boire vingt cinq foldats qui font à ma difpofition
en la Citadelle, fix en la Ville, & quatre à Calais, auec
plufieurs autres & cinquante ou foixante foldats qu'il en-
uoyra en habits de matelots.

Cette infigne trahifon ayant efté par ces moyens defcou-
uerte, confrontations & recongnoiffance de fes fignes &
cachet : il a efté condamné par le Sieur le Gras, Maiftre
des Requeftes deputé pour cet effect, affifté des Capitaines,
Lieutenants & enfeignes de la Garnifon de la ville du Haure,
a eftre defgradé des armes à la tefte du Regiment, & d'auoir
la queftion ordinaire & extraordinaire, & de faire amēde
honorable nud en chemife, la corde au col deuant l'Eglife
de Noftre Dame, & demander pardon à Dieu, au Roy & à
Monfieur le Gouuerneur, & de là conduit à la place d'armes
de la Ville, ou il fera pendu & eftranglé, & ce fait fa tefte cou-
pée & attachée à vn pofteau qui fera plâté fur vn baftion de
la Citadelle & celuy qui regarde l'emboucheure dudit Haure,
fon corps ietté à la voirie & fes biens confifquez au Roy.

Ce qui a efté faict le vint deuxiefme du mois de Decembre
dernier paflé 1635.

le prie Dieu, genereux François que cela nous puiffe
feruir d'vn parfaict exemplaire, afin de nous contenir dans
les bornes de noftre deuoir, & du feruice que nous deuons
continuellement à noftre Roy.

FIN.

HISTOIRE VERITABLE DES EFFECTS PRODIGIEVX

ET ÉPOVVANTABLES, ARRIVEZ AV MOIS DE SEPTEMB. 1636. DANS LES
VILLES DE DOL, PONTHORSON, MONT S. MICHEL, TOMBLAINE
ET ÉS ENVIRONS, OV IL EST TOMBÉ DE GROSSE GRESLE,
OV ESTOIT REMARQUÉ PLVSIEVRS SIGNES ET
FIGVRES DANS ICELLES GLACES.

———o———

En 1869, un bibliophile de l'Avranchin réimprimait à petit
nombre d'exemplaires la *Prédiction de la Vision prodigieuse
d'un aigle épouventable apparu le 25 juillet 1622 entre la
Normandie et la Bretagne proche la ville de Pontorson ;* c'était
par le lieu et la date, par le style et l'intention de l'auteur,
comme aussi par l'intérêt qui s'attache à tout opuscule d'une
incontestable rareté, un récit tout-à-fait comparable à cette
Histoire véritable des effets prodigieux, etc..... aussi, aux
mêmes titres étaient-ils l'un et l'autre intéressants à remettre en
lumière. La *Prédiction,* toute imaginaire, et pour cette cause ·
rendue plus facilement extraordinaire dans son ensemble et ses
détails, était publiée à l'encontre des protestants qui commençaient,
au grand déplaisir des vrais catholiques, à prendre pied en Bretagne. L'*Histoire véritable,* conclut d'une manière plus générale
contre « les pervers endurcis, » elle a · le mérite incontestable,

sur l'autre relation, de raconter des faits certains, en leur donnant toutefois des proportions hyperboliques, en les entourant de circonstances étranges, miraculeuses, effroyables ; sans doute quelque prêtre témoin de ces désordres atmosphériques, témoin aussi de la frayeur qui en fut la suite, crut trouver là une occasion favorable d'exhortation, de prédication pour « obliger à une meilleure vie ceux ausquels il restoit encore quelque estincelle de piété dans l'âme. »

Cette forme donnée aux récits de tels événements n'a pas beaucoup sujet de nous surprendre, les exemples en sont fréquents, l'auteur de la notice qui précède la plaquette réimprimée à Avranches en 1860, en cite un certain nombre, contentons-nous de rappeler que la *Relation des désordres arrivés à Rouen en 1683*, éditée l'an dernier par notre confrère M. L. de Duranville, sans tomber dans les exagérations bizarres qui font, il faut bien le reconnaître, le plus grand intérêt de notre nouvelle publication, attribue aussi les effets vraiment terribles de cette mémorable tempête à une punition divine.

Ne terminons pas cette note sans remercier M. V.-G. Grandin, du nouvel acte de généreuse confraternité fait à la Société des Bibliophiles normands en lui offrant pour le reproduire son exemplaire, peut-être unique, de cette plaquette ; en effet, quoique suivant le titre il y en ait eu en 1636 deux éditions à Laval d'abord, puis à Paris, elle paraît avoir jusqu'à ce jour échappé à l'attention de tous les bibliographes.

CH. L.

HISTOIRE

VERITABLE, DES EF-

FECTS PRODIGIEVX ET
épouuantables, arriuez au mois de
Septemb. 1636. dans les villes de Dol,
Ponthorson, Mont S. Michel, Tomblaine & és enuirons, où il est tombé
de grosse gresle, où estoit remarqué
plusieurs signes & figures dans icelles
glaces.

Ensemble les signes veux au Ciel en forme de Batailles,
le cry épouuantable d'vne Balaine eschoüée dans les
Graiues dudit Mont S. Michel & Tomblaine,
& le rauage des vents, gresles,
& innondations d'eaux,

A PARIS,

Chez Iean Brvnet, ruë neusue
Sainct Louys, à la Crosse d'or.

M. DC. XXXVI.
Iouxte la Copie imprimée à Laual, Auec permission.

HISTOIRE

veritable & merueilleuſe, de
ce qui s'eſt paſſé, tant en la
ville de Dol, que Ponthorſon,
ᴍont S. Michel, Tomblaine,
qu'és enuirons, comme il ſeroit tombé de la greſle fort
groſſe, où il ſe repreſentoit
pluſieurs Figures, & comme
par l'impetuoſité du temps il
y a eû pluſieurs Baſtimēs &
maiſons ruïnées & rompuës.

Ncore que la Miſericorde & Iuſtice
Diuine ſe tiennent inſeparablement liées
aux mots du Prophete (comme deux
fidelles ſœurs :) Neantmoins, on di-
roit quelques fois qu'elles ſemblent diſputer à qui

r'emportera l'aduantage à châque moment, la Iuftice contrebalançant l'enormité de nos crimes au poids de la raifon, paffionne la vengeance par de tres-rigoureux chaftiments. La Mifericorde interuenant, prend vn delay, & deftournant pour vn temps le coup de la feuerité, elle nous faiçt cognoiftre par quelques accidents extra-ordinaires, que le Ciel eft en colere contre nous, & qu'il ne peut plus fupporter l'excés & l'horreur de nos vices, afin que fi nous fommes du tout abandonnez au mal, & infenfibles au bien, nous nous efforcions de détourner le glaiue déplorable panchant fur nos teftes coulpables, appaifans la colere Diuine, par la feruieur de nos prieres, les foufpirs de nos cœurs, & les torrens de nos larmes : Que fi nous mefprifons les Aduertiffe-ments du Ciel, nous pouuons nous affeurer que le terme de la vengeance nous fera bien cher vendu; Car fi on nous reprefente la Diuinité auec des pieds de laine, auffi on luy attribuë des bras de fer. Car fi jamais le Ciel a tefmoigné fon courroux, ç'a efté en ce temps calamiteux & defplorable, qu'on a remarqué des effeçts tellement eſtranges, que l'on n'auoit jamais rien veu de pareil.

Le Ieudy, quatrieſme iour de Septembre mil ſix cens trente-ſix, enuiron les quatre à cinq heures apres midy, il ſe forma vne chaleur ſi vehemente, que la pluſpart des hommes eſtoient contrainĉts de deſpouïller tous leurs veſtements, ou de deſcendre en des caues profondes, pour auoir du raffraiſchïſſement: Ce qui fut ſuiuy d'vn bruit de tonnerre, ſi violent, que dans Dol, Ponthorſon & Mont Sainĉt Michel, il ne reſta preſque point de verres, ny de vitres: Les Edifices en furent tellement eſbranlez, que pluſieurs tomberent en ruïne.

Les eſclairs eſtoient dans les champs pour lors ſi effroyables, que pluſieurs perſonnes ſe jetterent contre terre pour ſe ſauuer la veuë: Apres, on vit les effeĉts d'vn vent, tellement horrible, qu'il renuerſoit les maiſons, arrachoit les Arbres les plus fermes, & les tranſportoit, en telle façon que les Habitans n'ont jamais ſçeu auoir cognoiſſance du lieu où ils ont eſté tranſportez. Mais, tout cela n'eſt rien au regard de l'eſtonnement, & de la ruïne que cauſa la greſle, tombant au meſme temps

d'vne groffeur prodigieuse, comme du poids de
deux liures ou enuiron, & en telle quantité, que ren-
contrant plufieurs animaux viuants sur terre, leur
donna la mort, tant l'orage eftoit vehement. Ce qui
peut faire juger en quel eftat ont efté reduits les
herbes, les bleds, les plantes & les arbres, dont
plufieurs (principalement aux enuirons de ponthorfont) ont efté efcartelez et priuez de leurs
branches par la violence du vent & de la grefle,
comme s'ils euffent efté foudroyez.

Qui n'euft efté rauy d'admiration ? remarquant
fur cette groffe grefle, ou pluftoft fur ces boulets
de Canon, plufieurs figures fi artiftement repre-
fentées, qu'elles furpaffoient & l'Art & la Nature.

Les Habitans couroient à l'enuie apres que l'air
fe fut defchargé, tantoft pour remarquer fur cette
Eau conglutinée la figure de la tres fainéte & tres-
adorable Hoftie, & d'vn autre cofté l'Image de la
glorieufe Royne des Cieux.

En plufieurs lieux on y voyoit la figure de deux
Hommes armez, qui eftoient aux prifes, aux autres
on ne voyoit que la face d'vn feul homme.

On ne pouuoit que penfer quand on contemploit

dans le criftal de ces glaces, la figure d'vn Serpent épouuentable, voire mefme il en eft tombé prés Tomblaine, vne lieuë du Mont Sainct Michel, & en grande quantité, rouges comme du fang humain, & le temps retournant à fa nature la quantité d'eau n'a pû changer la couleur de ces glaces.

Durant ce déplorable temps, le flux de la Mer fe retirant proche dudit Mont, il arriua qu'vne Balaine, l'eau luy ayant manqué, jetta vn cry fi horrible, que les Habitans en furent fort eftonnez, & auec vne telle frayeur, ne fçachant d'où pouuoit proceder ce cry fi effroyable, entendu de plus d'vne lieuë & demye aux enuirons, que ceux qui l'entendirent ne fçauoient que deuenir, finon de reclamer l'ayde de Dieu, & luy demander pardon de leurs pechez, croyans eftre à la fin du Monde.

Ie vous diray ce qui fe paffa deux jours auparauant, fur les neuf à dix heures du foir, à la veuë de plufieurs perfonnes.

Vn Combat reprefenté dans le Ciel, qu'il fembloit s'ouurir à châque moment, où il paroiffoit deux Armées toutes en feu, eftans du cofté du Septentrion, lefquelles s'entrebattoient fi furieufement, qu'il fembloit à voir fur le dernier, qu'il y auoit l'vne de ces deux Armées toute deffaite : ce qui dura plus de deux heures.

Iugerez vous pas vn coup de la Toute-puiffante main, que durant cette tempefte il y eût des maifons dans la ville de Ponthorfon ruïnées & abattuës, le peuple d'alentour demeura fans efpoir de Salut, attendant encore vn fecond Deluge.

Quand le Ciel, par l'abondance de fes larmes, eût confommé ces gros pelotons de grefle, & que l'eau fe defbordant en quelques endroïcts des enuirons, comme des Torrents impetueux, rauageant & emportant tout ce qui fe prefentoit, de telle forte que dans vne des Paroiffes proche du Mont Sainct Michel, elle roula vne Boife pefant plus de trois pippes de vin le long d'vne ruë où il ne coule point ordinairement d'eau, vous auriez veu dans les baffes places le peuple monter dans les greniers des maifons, fe profternans à genoux, les mains jointes, les yeux efleuez au Ciel, crians Mifericorde.

Philofophes, qui vous vantez de pouuoir, par la fubtilité de vos arguments, de defcouurir les fe-
les fe-

crets les plus cachez de la Nature, voicy vn sujet
digne de vostre employ : redoublez les forces de
vostre entendement; il faudra pourtant demeurer
icy muets, & aduoüer que ces Effects prodigieux
n'ont poinct d'autre cause que la verité de celuy
qui peut tout : que ç'a esté sa main qui a graué
la diuersité de ces Figures, qui a formé ces pelotons de gresle, qui a representé comme un second
Deluge, pour exterminer les peruers endurcis, &
obliger à vne meilleure vie ceux ausquels il restoit
encore quelque estincelle de Piété dans l'Ame.

FIN.

PRISE DE LA VILLE DE HARFLEUR

PAR L'ARMÉE DU DUC DE LONGUEVILLE.

La *Relation de la prise de la ville de Harfleur* en 1649 (huit pages in-4°), classée par M. Moreau au nombre des mazarinades, est une de ces pièces publiées par les agents de la Fronde pour entretenir l'agitation dans Paris et faire croire au peuple que leur parti avait de puissantes armées dans les provinces, y remportant des succès brillants et prêtes à venir à son secours.

Le souvenir du fait qu'elle raconte, peu important en lui-même, ne doit cependant pas être oublié, et comme il n'est mentionné dans aucune des nombreuses monographies du Havre et d'Harfleur publiées, soit dans le siècle dernier, soit dans celui-ci, nous n'avons pas hésité à la faire réimprimer, d'autant plus qu'elle est assez rare pour avoir été vendue 24 fr. (vente d'Auffay,) et cotée 18 fr. (sans reliure) dans un catalogue à prix marqué distribué dernièrement.

Outre cet intérêt, elle en a un plus grand encore, c'est de conserver les noms des jeunes gentilshommes normands qui, groupés autour du duc de Longueville, firent sa plus grande, sinon sa seule force, dans la ridicule prise d'armes qu'il tenta plutôt pour faciliter ses arrangements avec la Cour que pour renverser Mazarin.

Les noms des régiments et des officiers que nous avons conservés avec l'orthographe de l'imprimé original, y sont souvent dénaturés, comme dans la plupart des pièces publiées à cette époque, qui, à vrai dire, n'étaient autre chose que ce que, dans le jargon moderne, on appelle *des canards*; mais il est assez facile de les rétablir en étudiant l'histoire de la Fronde en Normandie.

Ainsi, *le régiment d'Onnery*, que nous trouvons désigné dans d'autres mazarinades et dans le célèbre pamphlet satyrique de Saint-Evremont (*), sous les noms de *d'Ennery* et *d'Hannerie*, est celui qui était commandé par Charles d'Ailly, seigneur d'Annery, l'un des plus fidèles amis du duc de Longueville; *le régiment de Cesmenil* écrit ailleurs *Colmenil, Cumenil, Caumenil, Colmenil, Camenil* était celui d'Antoine de Calmesnil, qui avait épousé Marie Dyane de Romé, sœur de Pierre de Romé, sieur de Bretteville-Fresquiennes, gentilhomme du duc et commissaire général de ses troupes, fils de Nicolas de Romé, baron du Bec-Crespin, conseiller au Parlement de Rouen et l'un des plus fougueux frondeurs de la province.

Nous devons encore faire remarquer que beaucoup des officiers cités dans ce document historique y portent des noms de fiefs et non leurs noms patronymiques. *Le marquis d'Hectot*, c'est François de Harcourt, fils du marquis de Beuvron; *le sieur de Baucaule*, Abraham de Normanville, mari de Julienne d'Angennes; *d'Alvemont*, Abraham de Thiboutot; *de Courvaudon*, François Anzeray, mari de Catherine d'Angennes; *Fumechon*, Charles de la Place, conseiller aux Aydes; *le sieur de Sandouville*, Charles du Puis; tous gentilshommes, fine fleur de la Fronde, dont nous retrouvons les noms avec les Fouilleuse de Flavacourt, les Mornay de Montchevreuil, les Paulmier de la Bucaille, les Boulainvilliers de Saint-Saire parmi les signataires de la demande adressée en 1651 à la reine régente pour la délivrance des princes du sang emprisonnés à la suite des troubles.

STEPH. DE M.

(*) Retraite de M. le duc de Longueville en son gouvernement de Normandie pendant la guerre de Paris, en 1649. (Œuvres de Saint-Evremond, tome I, édition d'Amsterdam, 1739, in-12, insérée dans les mémoires de M. de la Rochefoucault, réimprimée sous le nom de *Charleval*, Recueil A-Z, tome A, 1745, in-12.)

RELATION
VERITABLE
DE CE QVI S'EST PASSE'
A LA PRISE DE LA VILLE DE
HARFLEVR
PRES LE HAVRE PAR
l'Armée de Monseigneur le Duc de
LONGVEVILLE.
ENSEMBLE LA LISTE DE
tous les Officiers de son armée.

A PARIS,
Chez NICOLAS DE LA VIGNE,
pres Sainct Hilaire.

M DC XLIX.
AVEC PERMISSION.

RELATION

VERITABLE DE CE QVI S'EST
passé à la prise de la ville de Harfleur pres le
Haure par l'Armée de Monseigneur le Duc
de Longueuille.

ENSEMBLE LA LISTE DE
tous les Officiers de son armée.

LE Mercredy dix-septiesme Mars, on apprit que le sieur
de Sandouuille alloit loger à Harfleur ville considérable
pour ses fossez, & pour estre vn passage necessaire pour les
aproches du Haure tant à cause de sa situation sur la riuiere
de Seine du costé du Midy, de Montiuillier au Septentrion,
de Roüen au leuant, & du Haure au couchant, du gouuernement duquel ledit Harfleur despend.

Le sieur de Sandouuille auoit quarante à cinquante
cheuaux, le gouuerneur du Haure donna ordre que la
Compagnie du sieur du Parc allast se ietter dans Harfleur
assisté des sieurs de Lisle & Preboys Lieutenant & Enseigne, & des nommez Lespine & des Sauoyrs Sergents.

On croyoit que les Bourgeois de Harfleur soustiendroient
& empescheroient l'entrée du sieur de Sandouuille que

Monſieur de Longueuille envoyoit, mais on ne ſçauoit pas que les ſieurs du Bocault & de Saint-Vallery venoient auec deux mille hommes pour ſe ſaiſir de ce poſte auancé & conſidérable pour la ville du Haure.

Le Samedy vingtiéfme le ſieur de Boilefevre Capitaine du Regiment d'infanterie du ſieur du Bocault, fit ſommer Harfleur de receuoir leurs troupes, autrement qu'il ne leur donneroit aucun quartier, les habitants capitulerent & cependant enuoyerent au Haure aduertir de ce qui ſe paſſoit.

On tint conſeil de guerre, & on iugea à propos d'enuoyer du ſecours parce qu'il ſeroit honteux qu'vne ville deſpendante du gouuernement du Haure, & à la portée du canon de ſa Citadelle fut priſe ſans du moins teſmoigner qu'on eſtoit en eſtat de ne rien craindre.

On tira donc de la ville & Citadelle deux cents cinquante hommes ſous la conduite des ſieurs de Beauplan, Iaſſac Capitaines, & des ſieurs Beauregard, & la Guillotière Lieutenants, mais eſtans proches de Harfleur ayant deſcouuert quelque Caualerie, l'eſpouuante les ſaiſit, & ſe ietterent dans le Marets auec telle confuſion & deſordre qu'ils ne peurent ſe retirer au Haure qu'à dix heures du ſoir, il eſt vray que la garniſon n'eſtant entretenuë comme du temps du deffunct Cardinal, les Officiers qui y commandent ſont plutoſt retirez dans ce lieu pour profiter de la vente du ſel que pour ſe mettre en eſtat de ſeruir.

Le meſme iour ſur les cinq heures du ſoir la compagnie du ſieur du Parc ſe rendit à diſcretion, les ſoldats au nombre

de

de hoctante furent menez au Chasteau de Tancaruille, & les Officiers à Roüen.

Enfuite les compagnies de l'armée de Monfeigneur de Longueuille furent mifes dans le voifinage de Montiuiller, dont le fieur de Breteuille Frefquiennes, Gentilhomme de Monfeigneur de Longueuille, & Commiffaire general de fes troupes en ayant pris quelques vnes, alla affiéger le chafteau du fieurde Fontaines Martel fur Bollebec dans lequel il prit cinq pieces de Campagne lefquelles il fit conduire à Roüen le Mercredy vingt-quatriefme du Courant.

Le Mercredy la nuict qu'il eft forty quatre mille hommes de Roüen par la porte Cauchaife, on apprendra auec le temps ce qu'ils auront entrepris. Le mefme iour on fit reueüe des troupes qui font aux Faux-bourgs de Roüen, dont les effectifs fe trouuent monter à cinq mille hommes fans comprendre ceux qui font fortis

CAVALERIE.

Regiment de Monterolier.

La Meftre de Camp.
Sainct Sere.
De Fonteny.
De Marfi.

Regiment d'Onnery.

La Meftre de Camp.

Le Sieur d'Amours.
De Clery.
De S. Sere.

Regiment d'Oʒonuille.

La Meftre de Camp.
Le Sieur de Martinuille
De S. Iacques.
De l'Efclufelle.

B

Regiment de Monfieur de Longueuille.

Les Sieurs de Flauacourt.
De Laune.
De Fumechon.
La Couture.
De Bellegarde.
De Couruaudon.
De Montaymé.
De Reuuille.

Regiment de S. Vallery.

La Meftre de Camp.
De Rozey,
Defpinay.

Regiment du Bocaule.

La Meftre de Camp.
De Ramert.
Nauarre.

Regiment de Laifleuaux.

La Meftre de Camp.
Chambly.
Nointel.

Regiment de Cefmenil.

La Meftre de Camp.
Morinuille.
Beaufoffé.
De Palme.ˈ

Regiment de S. Paul.

Le Cheualier de Rotelin.
Du Boscroger.

Regiment d'He&ot.

Le Marquis d'He&ot.
Mongoubert.
De Tournebu.

Des Compagnies de Caualerie des Sieurs de Sauigny, Du Bufc, Baudry, Bailly, de Longueuille.

Du Comte d'Arets.
De Ceffeual.
D'Heudreuille.
Darmonuille.
Comte de Fiefque.
Cheualier de Moncheureuil.
Du Frefney.

Compagnie de Madame de Longueuille, commandée par le fieur de S. Laurent.

Franqueuillette.
Beau-feiour.
Baron de Moüy.

INFANTERIE.

Regiment de S. Paul.

La Meftre de Camp d'Aluemont.
Belmenil.
La Granuille.
Deíprez.
Du Monts.
Marette.
La Bucaille.
De Rille.
S. Clair.
Valleuille.

Regiment de Richebourg.

La Colonelle.
La Meftre de Camp.
Grandual.
Hemericourt.
Deuaux.
S. Iacques.
Niuille.

Regiment de Dunois.

La Colonelle.
Du Crottoy.
Antieruille.
S. Germain.
Longuemare.
Gouual.
Gallie.
La Vallette.

Compagnie Efcoffoife.

Capitaine Michel.

Regiment de Sainct Cyr.

La Colonelle.
La Meftre de Camp.
Beauregard.
Fidoubert.
Montroger.
Boudeauuille.
Marchaumont.
Chaumont.

8

Fournel.
Rofmenil.

Regiment de Fiefque.

La Colonelle.
La Meftre de Camp.
Douuille.
Premare.
Vieux Fumé.
De Laube.

Regiment de Bocault.

La Colonelle.

La Meftre de Camp.
Villers.
Clofbocher.
Saffeuille.
Viparc.
Aunel.
Du Porquet.
Boifle-Feure.

Compagnies Franches.

La Motte.
Villarets.
Plenoche.

*Outre les Compagnies, tant de Cauallerie qu'Infanterie
que l'on a iettez dans Eureux.*

FIN.

La Société des *Bibliophiles normands* a bien voulu offrir une place dans ses *Mélanges* à la reproduction de la *Lettre de M. d'Avremesnil à M. de Longueville*. que nous avons mise à sa disposition.

M. E. Frère, qui la cite dans son *Manuel du Bibliographe normand,* la classe à bon droit parmi les Mazarinades. Mais nous voulons signaler la circonstance qui relève son intérêt historique, à part même cette saveur spéciale que conserve, pour nous autres Normands, tout ce qui jette une lumière petite ou grande sur le passé de notre province.

Cette circonstance, c'est sa date : 21 *mars* 1649.

Il est certain qu'écrite à cette date, elle n'a pu arriver à Paris avant le 23, et être publiée et vendue avant le 25.

Or, depuis le 12 février, des conférences régulières étaient ouvertes à Rueil entre la cour réfugiée à Saint-Germain et les délégués du Parlement de Paris.

Le 11 mars, ces conférences avaient abouti à un accommodement, signé de part et d'autre.

Le Parlement, poussé par les grands seigneurs de la Fronde, n'avait pas voulu l'accepter.

De nouvelles conférences avaient été engagées le 16 mars, à Saint-Germain-en-Laye, et cette fois, les intérêts particuliers des grands du parti, jusqu'ici masqués sous couleur d'intérêt public, s'étaient nettement affirmés.

Le duc de Longueville qui s'occupait alors à soulever la Normandie contre le roi et même à négocier avec l'Espagne, réclamait pour son compte, ou l'amirauté de France, ou la survivance de son gouvernement de Normandie pour son fils avec le gouvernement de Pont-de-l'Arche.

Mais, pour y parvenir, il fallait effrayer la reine et Mazarin, et changer, par la croyance en des moyens de résistance efficaces, la disposition qui poussait les esprits du grand nombre vers l'acceptation de la paix. Tel fut, à n'en pas douter, le but que l'on se proposa en publiant la lettre de M. d'Avremesnil. Si l'on hésitait à le croire, il suffirait de placer, à côté de l'énumération plus ou moins motivée et plus ou moins exacte que donne M. d'Avremesnil des forces du parti, cette ligne d'italiques qui suit le titre et indique à elle seule le but de la publication : *Avec le nombre de notre armée dans la Normandie.*

Hâtons-nous de dire que la manœuvre n'eut qu'un médiocre succès ; un accord définitif intervenait le 29 mars entre la Cour et Paris et mettait fin, au moins pour quelques mois, à cet état d'hostilité déclarée.

M. de Longueville, comme les autres chefs du parti, n'avait obtenu que des promesses vagues.

Terminons cette observation par quelques détails biographiques sur l'auteur de la lettre; nous les avons puisés aux archives départementales de la Seine-Inférieure.

M. d'Avremesnil, François de Pardieu, était fils de Guy de Pardieu, seigneur de Mézy, Bouelles et Nelle, et de Marie du Moucel, dame des fiefs d'Avremesnil et la Mothe-au-Breton. Sa famille était ancienne et descendait de Nicolas ou Colart de Pardieu, gouverneur de la ville et du comté d'Eu, allié en 1400 à Perrette d'Assigny. La branche à laquelle appartenait François de Pardieu avait des alliances directes avec les maisons de Sorent, du Sel, Sanguin, de Pisseleu et de Chenevelles.

Il obtint, en août 1615, une commission de capitaine de cent hommes de pied au régiment de Boniface, et en 1616, 1617 et 1619, trois commissions de capitaine de soixante, puis de cent hommes de pied, au régiment de Beaumont, tour-à-tour réformé et remis sur pied.

Il épousa, par contrat du 4 juin 1624 (1), Marie de Bailleul, fille aînée de noble seigneur Charles de Bailleul, sieur du lieu, Angerville, Croismare, Vilmesnil et Vadetot, et de dame Marie Martel. Il prend dans cet acte les qualités de « escuier, seigneur « d'Avremesnil, cappitaine de la première compagnie des gents « de pied au régiment de monseigneur de Beaumont. »

Ses parents lui donnèrent en mariage les deux tiers de la terre

(1) Reconnu le 14 juillet 1624, pardevant Robert Boullen et son collègue, tabellions en la vicomté de Montivilliers, et par acte passé au manoir seigneurial d'Angerville-Bailleul.

et seigneurie de Bouelles et du fief et seigneurie de Nelle. La future avait 27,000 liv. de dot.

Plus tard, en juillet 1660, dans un aveu à lui rendu, il figure avec les titres de haut et puissant seigneur, messire François de Pardieu, chevalier, seigneur et patron d'Avremesnil, Bouelle et Nelle en partie et aussi seigneur des fiefs au Breton, la Motte et autres lieux.

Il mourut le 20 septembre 1662 et ses biens furent partagés entre ses héritiers, le 26 mai 1663.

Ses enfants furent maintenus, lors de la recherche de 1668; ils portaient pour armes : *de gueules au sautoir d'or accompagné de quatre aigles de même*, à la différence des autres branches de la famille qui portaient : *d'or au lion de gueules.*

La branche d'Avremesnil est la seule qui subsiste encore de nos jours. Elle a repris ces dernières armoiries.

R. D'E.

LETTRE

DE MONSIEVR

D'AVREMESNIL

Chef de la Nobleffe de Caux
en Normandie, enuoyée à
Monfeigneur le Duc

DE LONGVEVILLE

Sur le fujet de la defcente de fix
mille hommes aux Ports de
Dieppe, S. Vallery & le Havre,
conduits par le fieur de Tibermefnil Gouuerneur pour les
Eftats de Hollande.

Aucc le nombre de noftre armée dans la Normandie

A PARIS, chez la vefue d'Anthoine Coulon, ruë d'Ef-
coffe. *CAuec permiffion.*

LETTRE DE MONSIEVR

d'Avremefnil Chef de la Nobleffe de Caux en Normandie, enuoyée à Monfeigneur le Duc de Longueuille, le 21. Mars mil fix cens quarante-neuf, fur le fujet de la defcente de fix mille Hollandois pour le feruice de la France.

MONSEIGNEVR,

Ie vous efcris à deffein de vous teſmoigner l'affection & l'aduancement des affaires de ce temps, l'honneur que nous deuons à leurs Majeſtez, à la Patrie, & aux François; & comprenant le tout dans vos ſentimens & affeçtions, conduis de Dieu et aſſiſtés d'vne grace tres-particuliere, pour y auoir ſi bien reüſſi par l'entrepriſe que vous en auez faite, pour la conſeruation du Roy, de ſon Royaume, et de ſon Eſtat : le ſoulagement des Peuples, & principalement pour les Pariſiens & leurs voiſins; auſquels vous concourez auec le ſecours qu'ils ont receu de ſa Prouidence.

l'ay receu la voſtre, par laquelle vous m'aſſeurez que vous auez aux enuirons de Roüen deux mille Cheuaux, cinq mille ſantaſſins : Ie vous enuoye cent cinquante Caualiers en bon eſquipage, tres-nobles, conduits par Meſſire Philippes de Barrois, Sieur de la Courſannalle, et Maubiſſon, petit fils du deſcendant et courageux Guillaume de Barrois, lequel gaigna la bataille du Bourding pour la deffenſe de Henry quatrieſme pendant la Ligue, lequel luy & ſes compagnons ne reſpirent que l'honneur de vous ſuiure ſans eſtre à charge à perſonne. l'ay appris par la derniere du Sieur de Croiſſy, que vous auez de la baſſe Normandie mille Cheuaux, deux mille Fantaſſins, conduits par le Sieur de Chamboy & le Comte de Croiſſi, trois mille hommes du Sieur de Matignon, Baron des Eſſarts deux mille, le Sieur de Coſmenil Meſtre de Camp des Regimens de Caualerie, deux cens Cheuaux & cinq cens hommes de pied, eſtant de preſent à Evreux.

Monſeigneur il y a encor deux mille nobles volontaires dans le Païs de Caux, qui ne reſpirent que voſtre ordre: de

plus

plus, nous auons fix mille hommes defcendus du vingtiefme
de ce mois aux ports de Dieppe, fainꝗ Vallery, & le Hâvre,
lefquels conduits & commandez par le Sieur de Tibermefnil
de l'ancienne maifon de Martel, à prefent Gouuerneur pour
les Eſtats de Hollande, lequel vous les a difpoſés & enuoyés
auec la fienne & fon Deputé nommé Defparts, receu à
Dieppe és lieux circonuoifins auec applaudiffemens : pour
cela vous dépefcherez vos ordres, pour les faire joindre aux
noſtres, pour fournir vn Corps d'Armée : Ie me fuis reffou-
uenu en vous efcriuans des paroles que vous me dittes dans
le Iardin d'Auremefnil en voftre départ à Roüen, que vos
Anceſtres auoient toufiours en vn respect fomenté d'vne ancienne fympathie pour voſtre Maifon, vous vous en pouuez
bien affeurer & tous vos defcendans. L'arriuée de ces troupes aux lieux deffufdits cauferent pour la joye que l'on en
auoit, que les murailles de mon logis ne retentiffoient que
le Canon, pour l'enuie qu'a ce peuple d'exclure, ou exterminer le commun Ennemy de la France, & du repos public.

Les perfonnes que vous fçauez trouuent eſtrange d'auoir
perdu l'armonie ordinaire de leurs Paſteurs, de leurs Fla-
geollets & Chanfons ruſtiques; & ne font pas fi confolés
(n'ayant pas les efprits martiaux) d'entendre les Trompettes
& Tambours, qui attendent vos ordres pour paroiſtre dans
l'occafion : Et il eſt tres-vray que les Nobles & roturiers
prient tous les iours pour le Roy, la Reyne, pour voſtre
conferuation, pour la Paix & tranquillité du Royaume,

B

pour les ressentimens qu'ils ont des desordres qui se sont passez dans la France, quand nous jouïrons de vostre presence elle ne nous sera pas moins fauorable que fut celle de Ioseph à ses freres : Vos yeux y feront voir la modestie, & vos paroles fermeront la bouche à quelques-vns : L'esperance que nous en auons nous remplit le cœur d'allegresse extraordinaire, & nous donne la hardiesse de vous reconnoistre en la personne de Ioseph, le plus sage Gouuerneur de Prouince que le Soleil ait jamais esclairé.

C'est ce que nous esperons voir dans ce Pays & dans toute la France en vostre personne, honoré des faueurs du Ciel, de la voix des Peuples, respecté des Estrangers, aymé des Pauures, redouté des Riches, qui sont veritablement les marques que tout le monde vous voit empreinte sur le visage : Vostre bonté m'excusera en la presente, où vous aurez occasion de faire paroistre en moy la grandeur de vostre patience, m'obligeant auec tous vos Subjets & Vassauts, d'estre d'autant plus obligé & affectionné seruiteur,

MONSEIGNEVR,

F. de Pardieu
d'Auremesnil.

D'Auremesnil en Caux
le 21. de Mars 1649.

INSCRIPTIONS

DESTINÉES A L'ORGUE DE LA CATHÉDRALE DE ROUEN

APRÈS SON RÉTABLISSEMENT.

1686.

———————~v━~━

La *Relation des désordres arrivés à Rouen, le 25 juin* 1683, à la suite d'un ouragan, publiée par M. de Duranville, rappela à M. Canel une pièce y faisant suite, fort rare et peut-être unique, qu'il signala à notre Société, et que nous publions, d'après le désir du possesseur et celui du Bureau.

Cette pièce, de quatre pages d'impression, in-4°, sans lieu ni date, ni nom d'auteur, porte des traces de colle prouvant qu'elle a été détachée d'un de ces Recueils, si nombreux au xviie siècle, où l'on réunissait des feuilles volantes sur les sujets les plus divers.

Elle fut composée, en 1686, par un auteur anonyme, vraisemblablement un prêtre, au moment où « Messieurs de N. Dame « faisaient rétablir avec bien du soin et de la dépense l'orgue et « le jubé », si malheureusement détruits, trois ans auparavant.

Après un préambule de six lignes, résumant les dégâts causés par l'ouragan, dans cette partie de l'église, vient une première inscription latine en une seule phrase de quatorze lignes. Elle est suivie d'une critique où l'auteur tâche de justifier, à grand renfort de textes italiens, espagnols et latins, trois de ses métaphores. Une seconde inscription latine, de quatorze lignes également, sur le même sujet, termine la pièce.

Voici la traduction des deux inscriptions, aussi fidèle que possible.

Première Inscription.

« Si nous louons Dieu sur l'orgue, c'est aux Chanoines de la
« métropole que nous en sommes redevables, eux qui, pour
« effacer le souvenir d'une déplorable catastrophe, à l'aide d'un
« miracle où la magnificence s'unit à la piété, ont donné une âme
« aux métaux, de l'harmonie aux vents, des lois aux tourbillons,
« des ailes aux poutres, de la beauté aux ruines, et le pardon aux
« tempêtes ; grâce à leur libéralité et à notre oubli, ils ont fait
« sombrer l'ouragan lui-même, quand ce jubé et cet orgue si
« célèbres dans l'Europe entière, ils ont pris soin de les rétablir
« en l'an 1686. »

Seconde Inscription.

« Vous qui avez vu avec horreur souiller la beauté du Temple,
« que le relèvement de la ruine et la réparation du désastre vous
« apportent des consolations : aux outrages des éléments en
« fureur, les chanoines de la métropole opposent l'élan d'une
« piété secondée par la munificence, eux qui, non contents de

« chanter les louanges de Dieu avec leur bouche, désirent que
« le vent introduit dans mille et mille tuyaux et la variété d'ac-
« cords incessants leur permettent de se mêler aux concerts des
« anges, en prenant soin que cet orgue, si célèbre dans tout l'uni-
« vers, et renversé naguère par un affreux ouragan, fût rétabli
« en l'an 1686. »

La première inscription, où tout est combiné pour frapper l'œil
et saisir vivement l'esprit, par l'assonance, la corrélation, l'op-
position et l'isolement des mots, a dû coûter bien du travail à
l'auteur.

La seconde, plus simple dans son allure, offre de notables
changements dans la disposition et dans l'expression, quoique
terminée de la même manière.

Mais la partie faible de ces deux inscriptions est le style, et les
trois alliances de mots, que l'auteur s'évertue à défendre, sont
mal justifiées par les autorités et les textes qu'il allègue. Tra-
duire littéralement en latin certaines métaphores des Italiens et
des Espagnols ne suffit pas pour leur donner un brevet de latinité. D'ailleurs Achillini et Gongora y Argote n'étaient pas des
guides bien sûrs, puisque notre auteur reconnaît que « les Espa-
« gnols sont encore plus guindez et plus déréglez que les Ita-
« liens. » Les exemples empruntés aux Latins ne sont pas tous
heureusement choisis ; car l'emphase de Lucain est proverbiale,
Arator sent le poète chrétien de la décadence et Juste-Lipse fait
autorité pour son érudition et non pour son style.

L'erreur de notre auteur vient de ce qu'il a voulu introduire,
dans une simple inscription, la liberté et l'audace de la poésie et

de l'éloquence, sans tenir compte des lois propres à l'élocution dans chaque genre. En vain cite-t-il, d'une façon assez inexacte, Horace, Achillini, Luis de Gongora, Pétrone, Ovide, Lucain, Vida, la Liturgie romaine, Cicéron et deux ou trois autres encore, dont nous n'avons pu découvrir le nom, pour justifier l'audace de ses trois métaphores ou le ton et le tour général de sa prose poétique. Il fait preuve plutôt d'érudition que d'un goût bien pur, en tâchant de faire accepter, pour le latin moderne, cette intrusion de la poésie dans la prose, dont le *Télémaque* donnera bientôt, en français, un trop fameux exemple. La recherche de l'esprit l'a égaré; c'est ce qu'il appelle « égayer sa matière. »

Comme genre littéraire, l'inscription a toujours eu son importance, parce qu'elle sert à rappeler, en peu de mots, l'origine, la destination et l'histoire d'un monument. Pénétré de cette idée, notre auteur s'était peut-être bercé de l'espoir que l'une ou l'autre de ses deux inscriptions, au choix de Messieurs du Chapitre, serait placée dans la cathédrale; il n'en a rien été. Mais notre Société, en les publiant toutes les deux, a bien fait d'ajouter un nouveau document à l'histoire de notre église métropolitaine, et de sauver par là de l'oubli l'œuvre d'un Rouennais, sans doute, d'un jeune Diacre, peut-être, qui eut la bonne pensée de composer ces inscriptions et de les faire imprimer.

F. BOUQUET.

L'OVRAGAN OV LA TEMPESTE DE L'ANNE'E
1683. fit de grands defordres dans nôtre Ville de Rouen ; entr'autres
degats elle raẓa et renverſa trois Pyramides, qui faiſoient l'ornement
du Portail de la Cathedrale : leur chûte creva la Voute, abatit le
Jubé¹, écraſa le Poſitiſ², briſa & endommagea l'Orgue, que Meſſieurs
de N.-Dame font rétablir avec bien du ſoin & de la dépenſe.

SVR LE RETABLISSEMENT DE L'ORGVE
& du Jubé.

QUod Deum in Organo laudemus,
      Metropoleos Canonicis
      Ferimus acceptum,
   Qui, ad abolendam luctuoſæ Stragis memoriam,
     Novo Pietatis magnificentiâ fultæ miraculo,
Anımam Metallis,   Ventis Harmoniam,
Turbinibus Leges,   Trabibus Alas,
Ruinis Decorem,   Nimbis Veniam
                 Dedêre :
Suâ Liberalitate,   Noſtrâ oblivione
         Ipſam merſêre Procellam :
                 Dum
   Odæum & Organum totâ Europâ celeberrimum
      Inſtaurari curaverunt, anno 1686.

TRABIBUS ALAS.

*Il y a poſſible trop de hardieſſe dans ces expreſſions. Je
ne ſçay ſi la liberté, que l'on ſe permet dans cette Poëſie
irreguliere,*

Quæ per audaces nova Dithyrambos
Verba devolvit, numerífque fertur
Lege ſolutis [3],

*ſera bien reçûë. Le Jubé qui eſt à preſent élargi & ag-
grandi, eſt ſoûtenu par de gros ſommiers, à qui dans
l'Enthouſiaſme Poëtique on pourroit demander, qui leur
a donné des aîles pour planer ſi haut? La matiere peut
être égayée, on n'eſt pas obligé de garder la gravité & le
ſerieux d'un Eloge & d'un Epitaphe.*

*Les Italiens, qui ſe licencient dans les Metaphores
redoublées, m'en fourniſſent des Exemples.* Claudio
Achillini [4], *un des plus beaux Eſprits d'Italie, eſtimé en
France & gratifié ſi ſplendidement par le Cardinal de
Richelieu, parlant à la loüange du Grand Michel Ange*
Buonarota [5], *& des autres Architectes de* la Coppola di S.
Pietro nel Vaticano, *dit dans un de ſes Sonnets, que*

Il gran fabro de la ſuperba Mole
Diè L'ali ai Marmi e ne confuſe i venti.

D. Luis de Gongora [6] *que les Eſpagnols encore plus guin-
deʒ & plus dereglez que les Italiens, admirent comme
l'Aigle de leur Parnaſſe, & le Phœnix de leurs Poëtes,
vantant la magnificence de Philippe III. qui faiſoit re-*

3

*lever uu Clocher foudroyé, & abbatu, difoit que la piété
de fon Roy,* Porfiava con oro aplacar Tempeftades, borrar
borrafcas, zabullir en los Cielos ruinas, eternizar aciertos
de Liberalidades, y Cortar olvidos de Calamidades publicas.
Zabullir, '*id eft mergere*) ruinas en los Cielos, *paffe d'une
perche & demie, mon* ruinas liberalitate mergere.

Je ne fçay fi la régle de Droit, error communis facit
jus, *aura icy lieu, & fi l'exemple des Etrangers; &* tot
Errantium Patrocinium *autorifera tant de hardieffe. Il
faut fe fouvenir que cette* enormis & ventofa loquacitas
nuper ex Afia[1], &c. *comme dit Petrone, que ce ftyle coupé
& maniéré,* qui altiora feftatur, micantes fententias aucu-
patur, & mirabilitatem ubique & nimis anxiè affeftat, *doit
fon origine au* Culto y Remontado *des Efpagnols, & au*
Gemmato e Concettofo *des Italiens, qui dans cette mode
nouvelle ont formé ce* femivirúmque bovem, femibovémque
virum[2], *une infufion de* Emprefas, Lettrillas, Motes, Em-
blemas, Finezas, Enigmas, Refranes, Agudezas, Eftrivillos,
Dichetes, Apodos, Defafios, Vivezas : *un precis, un rafi-
nage de politeffe & de galanterie répandu fur l'aufterité
& fur l'ingenuité du Latin, a alteré l'antien, & compofé
ce ftyle nouveau. delicat pour les uns & frelaté pour les
autres*

NIMBIS VENIAM.

*Deux autres Efpagnols viennent encor à mon fecours à
grand bruit, & avec bien de la pompe. Le Compatriote* de
Gongora[3], *qui felon Vida,*

Ille furit ftrepitu, tenditque æquare Tubarum

Voce fonos, verfúfque tonat fine more per omnes[10].

a dit il y a plus de 1600 ans : on y doit être accoûtumé.

Quod fi non aliam venturo fata Neroni[11] &c.

Jam nihil ô fuperi querimur fcelera ipfa nefáfque

Hâc mercede placent[12] &c. *Et plus bas,*

Multum Roma tamen debes Civilibus armis[13] &c.

Arator n'a pas crû bleffer fa modeftie Diaconale[14] par fes vers fur la chûte du premier Homme,

—— Non voce querelas

Excitet, aut gemitu mœrentia corda fatiget

Humanâ pro gente dolor, fcelera ipfa nefafque

Hâc potius mercede placent, mundóque redempto

Sors melior de clade venit, perfona ruinam

Non natura dedit[15]. *Il avoit dit un peu au deffus s'adreffant à N. S. J. C.* —— Mortifque poteftas,

Te vincente, perit, quæ pondere merfa triumphi

Plus rapiens nil juris habet[16].

Nous entendons dire tous les jours dans l'Eglife depuis mil ans, Felix Culpa quæ talem meruit[17], &c.

PROCELLAM MERSIT.

Il ne faut pas oublier que dans une matiere tres-férieufe, & dans un lieu de refpect, Ciceron a dit en plein Senat à Jules Cefar fur fa Clemence, tuam ipfe vicifti victoriam[18] : *Il s'agiffoit de la vie de M. Marcellus.*

Jufte Lipfe Reftaurateur de ce ftyle, fuivant les piftes de Seneque, & de Vell. Paterculus[19], qui en font poffible

5

les *Originaux*, & *dont il étoit plein*, *fait l'Apologie de cette Latinité* Quam, (*dit-il*) multi hodiè commendant, pauci affequuntur, plures admirantur. *Je ne garantis pas la juſtice de ces loüanges*, *Je dirois plûtoſt*, Libera hæc Poëſis ſuis ſolûm propemodûm legibus vivit, vel cum Rhetorum injuriâ tolerat plerumque barbariem : acutus videri qui vult, Ciceronianus eſſe non poteſt, ſed tanquam læſæ Grammatices reus inter ſerreæ Scriptores ætatis cenſeri damnas eſto.

SUR LE MESME SUJET.

QUi Templi decorem fœdatum horruiſtis,
    Sartæ ruinæ,   Damni repenſi
     Solatia accipite :
   Furentium Elementorum injuriis
Aĉtuoſam ſuffragante Munificentiâ pietatem opponunt
    Metropoleos Canonici,
      Qui
   Dei laudes ſuo ore canere non contenti,
  Effuſo in mille & ſexcenta guttura Spiritu,
   Multifariâ & indefeſſâ modulatione
    Angelis accinere geſtiunt,
  Dum Organum toto orbe celeberrimum
   Nuperâ procellâ fœdè disjeĉtum
    Inſtaurari curavére an. 1686.
Si l'on trouve trop de hardieſſe dans ces deux petits

Essais, soit pour la pensée, soit pour l'expression; Je diray
qu'un bon Juge, Juge qui ne sera pas suspect de partialité,
& à qui on ne reprochera pas d'avoir intérêt à faire
valoir ce style, prononce en ma faveur dans son Orator
num. 25. Detur heic venia concinnitati, heic arguti cer-
tique & circumscripti verborum ambitus conceduntur : nam
de industriâ, non ex insidiis, sed apertè & palam elaboratur,
ut verba verbis quasi demensa & paria respondeant, &
crebrò conferantur pugnantia, comparentûrque contraria,
ut pariter extrema terminentur, eundémque referant in
cadendo sonum; quod in causis & rariùs multò facimus &
certè occultius [20].

NOTES.

—

1 Par Jubé, il faut entendre une partie des orgues appelée ainsi (Odæum), et non le Jubé placé entre le chœur et la nef (Pulpitum.)

2 Le Positif était le petit buffet des orgues. — Un peu plus tard, 1689, il y eut un « Marché fait par M. Champagne de Sericour, inten- « dant de la Fabrique, avec Robert Cliquot, facteur d'orgues à Paris, « pour rétablir et remettre en bon estat les orgues de la Cathédrale, « et avec Joseph Pillon, menuisier sculpteur, demeurant rue de « Bièvre, paroisse Saint Etienne du Mont, pour l'ouvrage de menui- « serie et sculpture qu'il convient faire pour la face du grand buffet « des dites orgues. » (Inventaire des Archives de la Seine-Inférieure, par M. de Beaurepaire.)

3 Horace, *Odes*, liv. iv, 2, vers 10-12.

4 Savant italien, né à Bologne, en 1574, mort en 1640, qui cultiva aussi la poésie dans le goût maniéré de Marini.

5 Ordinairement Buonarotti.

6 Poète espagnol, né à Cordoue, en 1561, mort en 1627, eut encore plus de mauvais goût que Marini, son modèle.

7 Pétrone, *Satyricon*, ch. ii.

8 Ovide, *Art. amat.*, lib. ii, vers 24, en parlant du Minotaure. Notre auteur a interverti les deux hémistiches.

9 Lucain, né à Cordoue, comme Gongora.

10 Vida, *Poeticorum*, liber i, vers 181-182, caractérise ainsi Lucain.

11 Lucain, *Pharsale*, l. i, v. 33.

12 Lucain, *Ibid.*, v. 36 et 37.

13 Lucain, *Ibid.*, v. 44 et 45. Grotius a remarqué qu'il faut *debet* au lieu de *debes*, puisque l'apostrophe s'adresse à Néron et non à Rome.

¹⁴ Né en Ligurie, vers la fin du v⁰ siècle, Arator vécut d'abord à la Cour d'Athalaric, roi des Goths, renonça aux honneurs, vers 541, et, ordonné sous-diacre, il traduisit en vers latins *les Actes des Apôtres*, qu'il présenta au pape Vigile, en 544. L'ouvrage se compose de deux livres.

¹⁵ Dans l'édition de Lyon, 1553, ce passage se trouve livre ı, v. 61-65; mais au lieu de : *Humanâ pro gente*, il y a : *Antiquâ pro lege*.

¹⁶ *Ibid.*, l. ı, v. 9-10. Arator, qui ne s'adresse pas à Jésus-Christ, a dit de la Mort : *se vincente perit*, et non *te vincente perit*.

¹⁷ La citation complète est : « O felix culpa quæ talem ac tantum « meruit habere redemptorem. » Ces paroles, tirées de la liturgie du Samedi-Saint, font partie de l'*Exultet* chanté par le diacre, pour la bénédiction du cierge pascal. (Dû à l'obligeance de M. l'abbé Loth.)

¹⁸ Cicéron, *Pro Marcello*, c. ıv, n'a pas dit : *Tuam ipse victoriam vicisti*, mais : *Te ipsum vicisti*, et, deux lignes plus bas : *Ipsam victoriam vicisse videris*. Ce dernier mot servait de correctif à l'expression *victoriam vicisse* que Cicéron trouvait trop forte. Notre auteur ne sentait pas les nuances de ce genre.

¹⁹ Juste-Lipse a laissé de nombreuses notes sur Velleius Paterculus, comprises dans une édition faite à Lyon, en 1552.

²⁰ Ce passage de Cicéron, tiré de son traité de rhétorique *L'Orateur*, fait partie du xıı⁰ chapitre, dans les éditions modernes. La citation n'est pas tout-à-fait exacte. Cicéron a dit : « *Datur* etiam venia concin- « nitati *sententiarum*; *et* arguti, etc. » Il y a changement de *Datur* en *Detur*, et suppression des deux derniers mots soulignés.

FÊTES DONNÉES A ROUEN

A L'OCCASION DE LA

PUBLICATION DE LA PAIX D'UTRECHT.

VERS DE CIRCONSTANCE.

Notre confrère M. Ch. de Beaurepaire ayant découvert dans les archives de l'Académie de Rouen deux pièces de vers imprimées en 1713, et qui sont restées inconnues à nos plus érudits bibliographes, l'une intitulée : *Les Festes du Vieux-Palais;* l'autre *à Monseigneur le duc de Luxembourg;* le bureau de la *Société des Bibliophiles normands* a décidé qu'elles seraient rééditées pour le volume des *Miscellanées historiques,* en y joignant un extrait du *Flambeau astronomique* de 1715, rendant compte des cérémonies et des fêtes qui eurent lieu en juin 1713 à l'occasion de la paix d'Utrecht.

La joie ressentie universellement par ce grand événement le fut d'autant plus à Rouen, que le commerce de la ville y trouvait de grands avantages, et que l'un des plénipotentiaires signataires du traité, Nicolas Le Baillif-Mesnager était un enfant du pays,

allié à toute la noblesse de la province, aux familles parlemen-
taires et à la haute bourgeoisie.

Sur l'exemplaire de l'*Ode à Monseigneur le duc de Luxem-*
bourg est écrit à la main : *par M. Haillet, lieutenant général crimi-*
nel au bailliage de Rouen, ce qui donne un intérêt de plus à notre
publication, ce magistrat étant le père de Jean-Baptiste-Guil-
laume Haillet de Couronne, le célèbre bibliophile normand,
mort en 1810, âgé de 82 ans.

Le duc de Luxembourg, auquel cette ode fut adressée et
qui présida aux cérémonies et aux fêtes dont nous réimprimons
le compte-rendu était Charles-François-Frédéric de Montmorency-
Luxembourg, duc de Luxembourg, de Piney et de Montmorency,
prince souverain de Luxe et d'Aigremont, pair et premier baron
de France, chevalier des ordres du Roi, lieutenant général de
ses armées, né le 22 février 1661, nommé en 1705 gouverneur
de Normandie, où il résida de 1709 à 1714, mort le 4 août 1726.

STEPH. DE M.

LES FESTES

DU

VIEVX PALAIS.

QUe Voi-je? Le Soleil previent ici le temps,
Que le fort lui prefcrit pour éclairer la terre?
  Qu'entends-je? Ces coups éclatants
  Sont-ils les effets du Tonnerre?
Ou nos Voifins jaloux & mécontens
  Vont-ils recommencer la Guerre?
  Ah! ne jouirons-nous jamais
  De ces plaifirs doux & tranquilles,
  Qu'on goûte aux Champs & dans les Villes,
  Quand on y voit regner la Paix?
Ces grands Vaiffeaux, dont la Seine eft couverte,
  Affiegent-ils le Vieux-Palais?
Et le Ciel s'oppofant à nos juftes fouhaits
  A-t-il refolu nôtre perte?
Mais eft-ce avec raifon que je fuis agité.....
  Non, j'entrevois la verité,
  A mes yeux elle fe déploye:
Tout nous annonce ici des Fêtes & des Jeux,

Premiers fruits de la Paix, que le Ciel nous envoye :
Et le peuple flatté de l'efpoir d'être heureux ,
Par fes cris redoublez en témoigne fa joye.

  Déja mille objets differents,
  Prefentent à mes yeux errants,
Les fuperbes apprêts des plus rares fpectacles.
  Quelle eft la puiffance des Grands !
  Ils furmontent tous les obftacles,
Ils changent, à leur choix, la forme des òbjets ;
  Et n'épargnent pas les miracles,
  Pour executer leurs projets.
  J'admire la belle ordonnance
Des differens plaifirs qu'on nous offre en ces Lieux,
Où LUXEMBOURG joignant l'adreffe à la dépenfe
A trouvé le fecret d'enchanter tous les yeux !
  Mais pour dire ce que j'en penfe,
  J'applaudis moins à fa magnificence,
  Qu'à fon efprit ingenieux.
Il a contraint la Nuit à reployer fes voiles ;
  Il a fait cacher les Etoiles,
Et forcé le Soleil à defcendre des Cieux.
Ce bel Aftre du Jour, qui foûtient la Nature,
Se multiplie ici en diverfes façons,
  Sur les arbres, fur les gazons, ·
Et porte fa lumiere auffi vive que pure,
Jufqu'aux extrêmitez de ces riches Valons
  Ornez de fleurs & de verdure.

Ici la Seine attire & fixe mes regards,
    J'y vois briller de toutes parts
Cent manieres de Feux, de beauté différentes
    J'y vois une Maison flottante,
    Où le Symbole de LOUIS,
    Avec tant d'éclat se presente,
    Que les yeux en sont ébloüis.
Mille Fléches en feu plus promptes que la vûe,
    Volant sans cesse dans les airs
    Vont percer le sein de la Nue,
    Dont on voit sortir des éclairs.
    Ce sont des Machines volantes,
    Qui par des prodiges nouveaux
Se changeant aussi-tôt en Etoilles brillantes,
    Font voir tout le Ciel dans les eaux.
Tel est de LUXEMBOURG l'admirable Génie,
Fasse le juste Ciel, au gré de nôtre envie,
    Et pour le bonheur de ces Lieux,
Qu'heureux pendant le cours de son illustre Vie,
Il éternise ici le Sang de ses Ayeux.

A ROUEN, RUE AUX JUIFS,

Chez Vaultier, Imprimeur de Monseigneur le Duc de
Luxembourg, Gouverneur de Normandie.

AVEC PERMISSION.

A

MONSEIGNEUR

LE DUC

DE

LUXEMBOURG

ODE.

Q<small>UELS</small> *éclats, quel bruit, quel tonnerre,*
Quels cris font retentir les Airs!
Les Éléments se font la Guerre,
La Seine brillante d'éclairs,
Au lieu d'une Eau douce & paisible,
Roulle des flots dont mille feux,
Sortant avec un bruit terrible,
S'élèvent jusques dans les Cieux.

Ne craignez rien Peuple fidéle,
Tout va répondre à vos defirs,
Des Rois le plus parfait modèle,
Fait fon bonheur de vos plaifirs.
LOUIS, ce Héros plein de Gloire,
Toûjours fage dans fes projets,
Ne s'eft fervi de la Victoire;
Que pour vous affurer la Paix.

Ces feux qui d'une nuit obfcure,
Font un jour brillant glorieux,
Vous font un favorable augure,
Du Dieu qui gouverne ces lieux :
L'on vit renaître l'abondance,
Si-tôt qu'il parût parmi nous;
C'eft à fon heureufe prefence,
Que font dûs nos biens les plus doux.

A fon illuftre Sang la France,
Doit fes plus glorieux Exploits;
Il fçût réprimer l'infolence,
De l'Allemand, du Hollandois;

3

Toûjours ſuivi de la victoire,
Ses ennemis par tout battus
Quels monuments pour ſon Hiſtoire,
Stenquerque, Nervinde, Fleurus.

Dieux! quelle épouventable image.
Vient frapper mon cœur étonné :
LUXEMBOURG au fort du carnage,
Des ennemis environné,
MONTMORENCY s'ouvre un paſſage
O Ciel! je vois couler ſon ſang ;
Mais il triomphe de leur rage,
Il leur arrache & nous le rend.

O Fils trop digne d'un tel Pere!
Joüis long-temps de tes honneurs,
Que le Ciel à nos vœux proſpère,
Puiſſe te combler de faveurs
Parque pour prolonger ſa vie,
De nos fils retranche le cours ;
Heureux qu'elle nous ſoit ravie,
Pour conſerver de ſi beaux jours

PUBLICATION

DE LA

PAIX D'VTRECHT

FETES DONNÉES A CETTE OCCASION

DANS

LA VILLE DE ROUEN

1713

LEs Ordres du Roy ayant été adreſſez au Parlement de
Rouen le 21 juin 1713, fut publié ſur la premiere
marche du grand Eſcalier du Palais par le Premier Huiſſier
de la Cour, en Robbe rouge, ayant en tête ſon Bonnet en
broderie d'or, garny d'une Roze de Diamants, herminé tout
au tour, aſſiſté des Huiſſiers de la Cour en Robbe viollette,
chacun leurs Bonnets en main & leur baguette, la Paix
concluë à Utreck entre les couronnes de France, d'Angleterre, de Pruſſe, du Duc de Savoye & la Republique d'Hollande par Monſeigneur le Maréchal d'Uxelles & Monſieur
le Menager de cette Ville, Plenipotentiaires du Roy, & les
Ambaſſadeurs, Plenipotentiaires d'Angleterre, de Pruſſe,
de Savoye et d'Hollande. Les Compagnies de la Cinquan-

taine en Habits d'Ordonnances, en armes, à cheval, leurs Officiers en tête tres propres, ayant des plumes blanches à leurs chapeaux & des rubans blancs & rouges à l'épaule droite, & les Arquebufiers aufli tres propres en Habits d'Ordonnances & armes, les Officiers ayant aufli à leurs chapeaux des plumets blancs, & tous des rubans bleus & blancs fur leur épaulle, rangez des deux côtez dans la Cour, depuis le bâtiment de la feconde Chambre des Enquêtes jufqu'au pied du grand Efcalier de la grande Salle, au bruit des Tambours & des Trompettes, aux acclamations & cris des peuples qui s'y étoient affemblez, de vive le Roy, ce qu'ils redoublerent plufieurs fois.

Ledit jour, fuivant les Ordonnances du Lieutenant General de Police & celles de la Ville, les Boutiques furent fermées à midy dans Roüen, & fur le Quay par Ordonnance du Lieutenant General de l'Amirauté. A une heure aprés midy fe commença la Publication de la Paix par le Corps de Ville, avec la magnificence que demandoit un jour aufli réjouïffant. Meffieurs de Ville affemblez en leur Hôtel en fortirent à ladite heure d'une heure, fix Tambours & fix Hautbois précedoient la marche, enfuite la Compagnie des 104 Arquebufiers, tous vêtus uniformes d'un habit de gris de fer gallonné d'argent, avec leurs Echarpes d'un taffetas blanc bordé d'une grande frange aufli d'argent, chacun un gros nœud de rubans bleus & blancs fur l'épaule, une coquarde de la même couleur; A leur tête étoient leurs Officiers avec chacun un plumet blanc au chapeau & Enfeigne déployée,

cette Compagnie étoit fuivie de celle de la Cinquantaine,
bien montez, avec la Bandolliere de Velours bleu femée de
Fleur de Lys d'or & les Armes de la Ville, auffi vêtus d'habits uniformes de même drap, gallonnez d'argent, tous avec
un plumet blanc, fur l'épaule un nœud de rubans rouges
& blancs frangez d'argent, les coquardes de même, tous
l'épée à la main, leurs Officiers magnifiquement vêtus à
leur tête, leur Guidon au milieu femé de fleur de lys d'or,
les Armes du Roy & de la Ville brodées, cette marche étoit
aufli précedée par fix Trompettes & fix Hautbois ; Enfuite
marchoient les Officiers fubalternes de la ville au nombre
de 24, avec des Cafaques bleuës gallonnées d'or, ayant devant & derriere les Armes de la Ville à fond d'or & d'argent, en tête le Supervifeur de la Ville, tres-magnifiquement
vêtu, monté à l'avantage, fuivi de fix Trompettes, fix Hautbois, & fix Phifres, aprés quoy fuivoient quatre Heraults
d'Armes montez, proprement vêtus &, tenant à leur main
chacun le Bâton Royal ; les Maires & Echevins de la ville
montez fur des chevaux à longue queuë magnifiquement
harnachez avec des houffes de velours noir bordez de larges
galons & franges d'or, leurs Robbes étoient ceintes auffi
d'une ceinture de galon d'or haute de quatre doigts, fermée
d'une agraphe de diamants ; ils avoient à leurs chapeaux
des cordons d'or & leurs gants étoient bordez d'une frange
d'or, & à leur canne chacun un gros nœud de rubans à
fond d'or, ils étoient précedez de deux Timbaliers vêtus
d'habits à fond d'or, leurs Timbales entourées d'un velours

bleu bordé d'une frange d'or & relevé des Armes de la Ville. Il y avoit auffi fix Trompettes, fix Phifres & fix Hautbois tous à cheval, ainfi que les Officiers de l'Hôtel de Ville. La premiere Publication s'en fit devant la grande Porte, qui étoit ornée de décorations, de peintures de devifes à la loüange du Roy fur le fujet de la Paix, avec des Fontaines de vin. Enfuite elle fe fit dans toutes les Places de la Ville & fur le Port, aux acclamations & cris de vive le Roy, & au bruit du Canon du Château & de la Ville, cette marche dura au moins fix heures.

A cinq heures aprés midy le Greffier de l'Admirauté affifté des Huiffiers feulement, tous en Robbes, par ordre du Siege General fe tranfporta fur le Port vis-à-vis de la Porte de la Bource, & publia la Paix : alors tous les Vaiffeaux arborerent leurs Pavillons & banderolles; & firent plufieurs décharges de Canons & de leurs Moufqueteries, ce qui fut fuivy de cris de vive le Roy.

Le foir à l'Hôtel de Ville & au Beuffroy il y eut des illuminations qui faifoient une fi belle clarté, qu'on ne s'apercevoit pas de la nuit. Il y eut des illuminations aux fenêtres; les Bourgeois ne manquerent pas de marquer leur joye, ils firent des feux devant les portes de leurs maifons, ils foûperent dans les ruës : ce ne fut que fantez, mêlées de cris de vive le Roy : l'on tira de plufieurs endroits des fufées vollantes; il en fut tiré trois cens d'une nouvelle fabrique au Beuffroy, des plus belles qui fe foient vûës, ils jettoient des gerbes de feu : devant plufieurs Maifons on plaça les Por-

traits du Roy de France & du Roy d'Efpagne, autour defquels il y avoit des illuminations, & à plufieurs des Fontaines
de Vin, il y avoit des infcriptions à la gloire des deux Roys :
Et on peut dire que les peuples marquoient en cette occafion
une joye entiere de voir la Paix rétablie avec les Puiffances
Etrangeres par les conquêtes de fa Majefté.

Pendant que toutes ces réjouïffances fe faifoient dans la
Ville, il y eut un combat naval fur la Riviere, Monfeigneur
le Duc de Luxembourg fe tranfporta fur un Bâtiment François qui étoit illuminé d'une quantité de petites lampes, au
mats duquel il y avoit un Soleil dont tous les rayons & la
face étoient remplis d'illuminations; Les Timbaliers, les
Trompettes & les Phifres qui avoient fervy à la marche fe
rendirent à bord de ce Vaiffeau avec plufieurs Muficiens qui
formerent des Concerts; tous les Vaiffeaux avoient leurs
Pavillons arborez avec leurs flames & banderolles, aufquels
étoient des illuminations; toute la Riviere étoit couverte de
Batteaux remplis de perfonnes de diftinction, qui la plufpart
fouperent ce foir-là fur la Riviere; il y avoit plufieurs de ces
Batteaux qui avoient des artifices & de petits Canons qui
tirerent fans ceffe, on peut dire que pendant toute cette nuit,
tant par les Canons des Bâtimens du Port, que de ceux du
Château & du Cours, ce ne fut qu'une lumiere continuelle
fur l'eau, les Cuifiniers, Paticiers-Traiteurs, Boullengers,
Cabaretiers & Battelliers y firent un gain tres-confiderable,
& on peut dire que jamais on a vû un fi grand concours de
peuple fur la Riviere & fur le Port.

Le lendemain 22 Juin 1713, jour de l'Octave du S. Sacrement, fuivant l'Ordre de Monfeigneur le Duc de Luxembourg, qui fut publié le jour précedent, il fut enjoint aux Bourgeois de fe mettre fous les armes & de fe rendre à leurs Drapeaux, pour recevoir les Ordres de leurs Officiers, qui s'y rendirent vêtus magnifiquement, ayant à leurs chapeaux des plumets blancs & des Echarpes blanches à franges d'or, tous les Bourgeois auffi des plus propres ; chacune Compagnie ayant des hautbois & des phifres à leur tête, fortirent des Places d'Armes & marcherent devant le Château du Vieil-Palais, où ils firent des décharges de la Moufqueterie, fe rangerent en hayes des deux côtez qui prenoit depuis le Vieil Palais jufqu'à Nôtre Dame. Enfuite Monfeigneur le Duc de Luxembourg fortit du Château précedé de 80 de fes Gardes, d'une partie des Arquebufiers & des Cinquanteniers & paffa entre les deux hayes de Bourgeois, il fut falué par les Officiers de chacune Compagnie de la demie pique, & continua fa marche au bruit des Tambours, des Trompettes, des Hautbois & des Phifres, fuivi d'un nombreux cortége de Nobleffe, il fe rendit en l'Eglife Cathedrale où s'étoient rendus auffi Meffieurs du Parlement, les Prefidents en Robbe rouge, tenant chacun leur Mortier de velours noir avec un large gallon d'or, les Confeillers auffi en Robe rouge, & Meffieurs les Gens du Roy, précedez des Huiffiers en Robbes violettes, des Notaires Secrétaires, du Greffier en chef & du Confeiller Garde des Archives ; conduits par un détachement de la Cinquantaine & des Arquebufiers, au bruit des Tambours & Trompettes. La Cour des Comptes & des Aydes en Robbes de ceremonie de velours noir, de Satin & d'Ecarlatte, précedez de leurs Huiffiers, des Notaires Secrétaires, Greffiers & Gardes des Archives en Robbes rouges. Les Maires & Echevins de Ville tous auffi précedez par des Arquebufiers & Cinquanteniers, des Trompettes, des Hautbois & Tambours. Tous arrivez ; le *Te Deum* fut chanté en mufique, pendant lequel Monfeigneur le Duc de Luxembourg fortit de l'Eglife accompagné d'un grand nombre de perfonnes de qualité & du Maire de Ville & des Echevins, mirent le feu au bucher dreffé dans le Parvis, au fon des Cloches & des fanfares des inftruments & des cris perpetuels de vive le Roy; aprés le *Te Deum* il fut chanté un fort beau Motet par plufieurs Chœurs de Mufique, accompagnez d'inftrumens, compofé par le fieur Lamy Me de Mufique de l'Eglife Cathedrale, au fujet de la Paix & des victoires remportées par Sa Majefté fur fes ennemis; pendant cette ceremonie il y eut plufieurs décharges de moufqueterie, de canons du Château, du Cours & des Vaiffeaux.

Le foir il y eut des feux dans les ruës, des illuminations à la Ville, au Beuffroy, & aux fenêtres des maifons, l'on fit joüer plufieurs fufées volantes & couler des fontaines de Vin, les Bourgeois fe rejoüirent dans les ruës, y foûperent & bûrent à la fanté du Roy, il y eut encore le même divertiffement fur l'eau, les illuminations, les feux & les fontaines redoublerent, & Monfeigneur le Duc de Luxembourg donna à foûper à 150 perfonnes, tout fon Château étoit illuminé,

ainſi que toutes les allées des arbres, où ſe devoit donner le
bal, & les Tours & Parapets où il y avoit plus de trois mille
lampes. Comme tout ſe diſpoſoit pour le bal & pour faire
joüer le feu d'artifice devant le Château ſur le bord de l'eau,
une pluye ſurvint qui empêcha l'effet du feu & des autres
divertiſſemens, le plaiſir en fut differé le jour de S. Jean
ſuivant : ce même jour le tems ſe trouvant favorable, on
diſpoſa toutes choſes pour l'accompliſſement du plaiſir.
Monſeigneur le Duc de Luxembourg donna encore ce ſoir
à ſoûper, les illuminations recommencerent, le feu d'Artifice ſe tira, qui ne fit pas l'effet que l'on s'étoit promis, à
cauſe que les artifices avoient été mouillez. Le bal ſe donna
dans les allées du Château, où les Dames furent ſervies de
diverſes liqueurs & de confitures; il ſe tira du Château un
tres-grand nombre de fuſées volantes, ainſi que d'un Vaiſ-
ſeau ſur la Riviere des plus artificieux, tous les Bâtiments
du Port ce jour-là arborerent leurs Pavillons & banderoles,
remplirent leurs mâts & Perroquets d'illuminations, & les
principales places de leurs Navires, tant les François, An-
glois, Hollandois que Ambourquois; le combat naval re-
doubla, cent petits Batteaux plats remplis de lumieres & de
concerts en firent le plaiſir, ſur tout celuy de Meſſieurs de
Ville illuminé d'une maniere des plus agreables, d'où ſortit
auſſi un tres-grand nombre de fuſées volantes, qui ſe joignant à ceux du Château, faiſoient enſemble un mélange
qui recreoit les Spectateurs qui y étoient en foule; tous ces
divertiſſemens furent ſuivis toute la nuit de décharges de

Canons, fanfares de Trompettes, Tambours, Hautbois,
& d'un cri continuel de vive le Roy. Deux jours fuivans
on chanta en plufieurs Eglifes des Meffes folemnelles en
Mufique & des *Te Deum* en action de grace de la Paix. Il
y eut Bal chez Monfeigneur l'intendant, devant l'Hôtel
duquel fut placé les décorations qui avoient été mifes devant
l Hôtel de Ville, accompagnées d'un grand nombre d'illuminations; plufieurs perfonnes de qualité firent de grande
charitez aux pauvres; en forte que l'on peut dire qu'il y a
peu de Villes en France qui ayent furpaffé celle de Roüen.

POÉSIES PUBLIÉES A ROUEN

A L'OCCASION DE LA

PUBLICATION DE LA PAIX D'UTRECHT.

(2ᵉ FASCICULE).

Depuis l'impression faite pour la Société des Bibliophiles Normands de trois pièces, prose et vers, sur les fêtes données à Rouen à l'occasion de la publication de la Paix d'Utrecht, le hasard a fait passer sous nos yeux un petit volume de 24 pages intitulé: *La Cérémonie observée à la marche de la publication de la Paix en la ville de Rouen, le XXI. juin M. DCC.XIII et la Description des Plaisirs qui s'y sont ensuivis. A Rouen, chez Jean-Baptiste Besongne rue Ecuyere, au Soleil Royal.*

Nous avons été heureux de constater que le *Flambeau Astronomique* de 1715, auquel avait été empruntée la partie descriptive de cette fête, avait copié presque textuellement ce livret, y ajoutant même ici et là quelques intéressants détails. Toutefois, outre les deux pièces en vers que nous avons donné à la suite d'après des imprimés originaux, il s'en trouve trois autres ainsi intitulées : *La Province de Normandie à Monseigneur le Duc de Luxembourg son Gouverneur.* — *Le Triomphe de la Paix ou le Bonheur de la France sous le règne de Louis le Grand. Stances héroïques.* — *Sur la Paix.*

Pour faire aussi complète que possible l'histoire des manifestations inspirées par la nouvelle de cette paix dans l'industrieuse capitale de la Normandie, nous avons cru devoir ajouter ces trois pièces à celles déjà publiées, les donnant autant que possible en fac-similé, c'est-à-dire reproduisant les quelques négligences du texte, conservant surtout certaines dispositions typographiques qui nous ont paru intentionnelles.

C. L.

LA PROVINCE

DE

NORMANDIE

A MONSEIGNEUR

LE DUC

DE

LUXEMBOURG

SON GOUVERNEUR.

APRE's une Guerre crüelle,
Qui defola long-temps, en différens Climats,
Les Peuples, & les Potentats,
LUXEMBOURG, fignale ton zéle
Pour LOUIS, & pour fes Etats,
Dont ton Sang fut toûjours le défenfeur fidéle,

Mes Enfans commis à tes foins
Te refpectent comme leur Pere,
Et comme leur Dieu tutelaire,
Qu'ils implorent dans leurs befoins.
Affervis, fans contrainte, au Tribut néceffaire,
Qu'exige des Sujets la querelle des Rois,
    Ils méritent pour leur falaire
De goûter aujourd'hui des plaifirs à leur choix.
Qu'ici les Feux de joye, & les Chants d'allegreffe
Chaffent de tous les cœurs l'importune trifteffe;
    Que le Vin coulant en ruiffeaux
    Pour marquer ta magnificence
    Leur faffe perdre, en ta prefence,
    Jufqu'au fouvenir de leurs maux.
    Que durant la nuit la plus fombre,
Du bel Aftre du jour prévenant l'apareil
    A la faveur des Feux fans nombre,
On prefente par tout l'image du Soleil;
    Et que l'Aurore, à fon réveil,
    Honteufe retourne dans l'ombre
    Cacher fon vifage vermeil;
    Que bien-tôt à toute la Terre
    Les grands Noms d'ANNE et de LOUIS
    Annoncent la fin de la Guerre,
    Par des Eloges inoüis;
    Et que leurs Sujets réjoüis,
    De n'entendre plus leur Tonnerre,

Faſſent ſentir leur joye aux plus lointains Païs ;
Que ton Nom de tout temps illuſtre
Par les hauts faits de tes Ayeux,
Devenu par ton Pere encor plus glorieux
De toi reçoive un nouveau luſtre,
Qui te faſſe honorer, & chérir en tous lieux.

Mais pour conſacrer ta mémoire
Refuſe ton oreille a la voix des Flâteurs,
Mets l'amitié ſincére au deſſus des Grandeurs,
Et croi que la plus noble gloire
Eſt celle qui gagne les cœurs.

LE TRIOMPHE

DE LA PAIX.

OU

LE BONHEUR DE LA FRANCE,

SOUS LE REGNE.

DE

LOUIS LE GRAND.

STANCES HEROIQUES.

EUPLES ne craignez plus les outrages de Mars,
Le Monarque François, attendri par vos larmes,
Vien de jetter fur vous fes plus tendres regards,
Il vous donne la Paix, il finit vos alarmes.

Aucun trouble, aucun foin n'aprochera de vous,
Des horreurs de la Guerre on n'aura rien à craindre,
Du bonheur des François chacun fera jaloux,
Perfonne à l'avenir n'aura lieu de fe plaindre.

L'abondance bien-tôt préviendra nos défirs,
Un repos plein d'apas régnera dans nos Villes,
On verra fucceder les plaifirs aux plaifirs
Et toûjours nos deftins deviendront plus tranquilles.

Le Marchand, pour remplir fes magafins
Des trefors que la Paix en tous lieux fait éclore,
Sans crainte ira trouver nos paifibles Voifins,
Et le Commerce ira du Couchant à l'Aurore.

L'Artifan deformais, habille, induftrieux,
Apliquera fes foins à polir fon Ouvrage;
Et fans ceffe entouré de mille Curieux,
Il verra chaque jour profpérer fon ménage.

Parmi tant de faveurs que nous promet la Paix,
Baniffons loin de nous les ennuis, la trifteffe :
Célébrons de LOUIS les généreux bienfaits,
Faifons retentir l'air de nos cris d'allegreffe.

Que ce vaillant Héros, fi célébre, & fi grand,
Soit dignement chanté fur la Terre & fur l'Onde;
Qu'il foit le tendre objet de notre empreffement,
Il eft digne lui feul de l'Empire du monde.

Qu'on vante fes Exploits, dont nos yeux font charmez,
Qu'on admire par tout fa Valeur, fon Courage,
Que nos cœurs à l'envi, pour fa Gloire animez,
Rendent à fes Vertus un éternel hommage.

La Victoire par tout accompagnoit fes pas,
L'Univers étoit plein du fruit de fes conquétes,
Les plus fiers Efcadrons redoutoient fes Combats,
Ses Foudres étoient prêts de tomber fur leurs têtes.

Du bien de fes Sujets uniquement épris,
Il renonce aux fuccès que lui promet la Guerre ·
Par fa rare prudence il gagne les efprits,
Pour l'amour de fon Peuple il quitte fon Tonnerre.

A nos propres befoins il fçait s'accommoder :
Sans relâche pour nous il travaille, il s'empreffe,
A fon gré cette Paix fembloit trop retarder,
Il l'avance, pour mieux nous montrer fa tendreffe.

On a vû dans la Guerre éclater fon pouvoir,
Ce Héros dans la Paix a fait voir fa Clémence,
Et toûjours attentif aux loix de fon devoir,
Il fait par fa Vertu le bonheur de la France.

SUR LA PAIX.

Venez fille du Ciel, defcendez fur la terre,
    LOUIS ne combat que pour vous,
Partez, n'attendez pas que fon jufte courroux
    Ait accablé de fon Tonnerre,
Ses fuperbes Rivaux de fa Gloire jaloux.

La Victoire à fon Char de tout temps attachée,
Couronne ce Héros au gré de fes fouhaits,
    Et la terre eft déjà jonchée,
Des nombreux Efcadrons que la France a défaits.

Il triomphe pour vous, venez divine Paix,
    Venez, hâtez-vous de defcendre,
    Voyez de tous côtez épars
Ces mélanges de Morts, d'Armes & d'Etendarts,
A fa clémence enfin venez encore le rendre,
Jettez fur l'Univers qu'il peut réduire en cendre,
    Vos plus favorables regards.

FIN.

INSCRIPTION

———

Le vingt-sept aout mil sept cent quinze, Louis Henry de Harcourt, Comte de Beuvron, colonel du régiment d'Auxerrois-infanterie, second fils de Louis Henry, Duc de Harcourt, pair et maréchal de France et de Marie Anne Claude Brulart de Genlis, prenait séance au Parlement de Rouen en qualité de conseiller né d'épée, comme lieutenant général du Roi en haute Normandie, nommé en survivance de son père par lettres patentes du 22 juillet 1712 ; mais ce jeune seigneur ne jouit guères des dignités dont il était revêtu, étant mort le 21 septembre 1716, à peine âgé de vingt-quatre ans (il était né le 14 septembre 1692).

Le lundi 26 avril 1717, MM. les Marquis de Pont Saint Pierre et Le Veneur, en long manteau de deuil et en épée, suivis de nombreux domestiques vêtus de noir, vinrent comme parents de la maison d'Harcourt, au nom de M. le Maréchal de Harcourt, Duc et Pair de France, prier MM. du chapitre de Rouen d'assister au service solemnel qui devait être célébré les 27 et 28 avril, dans l'église cathédrale, pour le repos de l'âme de M. le Comte de Beuvron.

A cette occasion fut élevé dans l'église Notre-Dame un magnifique mausolée sur les faces duquel on lisait l'inscription en vers latins que nous publions.

Cette inscription nous a été conservée par un placard imprimé de 40 centimètres de hauteur sur 26 de largeur, placard d'une insigne rareté, car nous n'en avons jamais rencontré d'autre exemplaire que celui en ce moment sous nos yeux. Nous le reproduisons autant que possible avec sa physionomie et le genre de caractères employés dans l'original.

Cette publication nous permet de préciser quelques dates et de faire connaître un personnage omis sur la liste des lieutenants généraux du Roi en Normandie, donnée par le continuateur de Farin, ou plutôt qui y est confondu avec son père. Aucune des histoires de Rouen n'en parle, et il n'est signalé que par trois articles du *Flambeau astronomique*, années 1716, 1717 et 1718, et par les détails sur le service célébré en son honneur que nous trouvons dans *les registres capitulaires*, dont nous avons extrait ce qui suit :

« Du mercredi 28 avril 1717

Cejourd'huy sur les dix heures du matin a été célébré en cette église un service solemnel pour feu Mgr Louis Henry de Harcourt, Cte de Beuvron . . . . les vigiles furent dites hier l'après midi ; la messe a été célébrée par M. Godonet, chanoine semainier en tour d'obits et chantée en musique. MM. le chantre et quatre dignités y ont porté les chappes. L'oraison funèbre a été prononcée par le R. P. Alexis, recollet, par permission du chapitre, en laquelle ont assisté en corps les Cours supérieures, du Parlement, Chambre des Comptes, Cour des Aydes, les Maire et échevins de la ville, escortés par les corps de la Cinquantaine et des Arquebuziers. MM. de Pont Saint Pierre et Le Veneur y ont assisté comme ils avaient assisté le soir précédent aux vigiles suivis de grand nombre de noblesse.

Le chœur était tendu de noir, un rang de velours avec les armoiries du deffunt ; au milieu du chœur un très beau mausolée garni d'un grand nombre de cierges, la nef pareillement tendue de noir, un rang de velours. »

STEPH. DE M.

P.   M.

IN MORTEM ILLUSTRISSIMI, AC POTENTISSIMI DOMINI

LUDOVICI-HENRICI DE HARCOURT

COMITIS DE BEUVRON,

REGALIS IN HISPANIA ORDINIS VELLERIS AUREI EQUITIS,

IN NEUSTRIA PROREGIS,

NEC NON ARCIS ROTHOMAGEÆ GUBERNATORIS,

MAUSOLEI INSCRIPTIO.

ERGONE, quo se se quondam jactasset Alumno
       GALLIA, vix natum, mors fera, falce metis?
Proh dolor! HARCURIUS cecidit! NORMANNIA luge ·
       Tristitiæ nimis est debita causa tuæ

❧❀❧

Quò pietas, quò ceffit amor, quò certa Parentum
    Gloria, quò noftræ Nobilitatis honos?
Alme COMES, Superis gratus mox vivis Olympo:
    Poft obitum difcat vivere quifque fuum.

Nil Titulis opus eft, verùm hoc meminiffe juvabit,
    HARCURIUS Juvenis, Virque, Senexque jacet.
Difcite ab exemplo, NORMANNI, difcite tanto,
    Spes, eheu! quantas abftulit una dies!

Omnia tempus edat, Formam, Bona, Robur, Honores;
    HARCURII Virtus integra femper erit.
Sola etenim certo reftat poft funera; folam
    Hanc igitur vivus qui colit, ille fapit.

1717.

PIEUX SOUVENIR.

INSCRIPTION DU MONUMENT
ÉLEVÉ POUR LA MORT DE TRÈS ILLUSTRE ET TRÈS PUISSANT SEIGNEUR
LOUIS HENRI DE HARCOURT,
COMTE DE BEUVRON,
CHEVALIER DE L'ORDRE ROYAL DE LA TOISON D'OR D'ESPAGNE,
LIEUTENANT DU ROI EN NORMANDIE,
ET GOUVERNEUR DU CHATEAU DE ROUEN.

Ainsi donc, ce fils dont la FRANCE se serait un jour montrée si fière, à peine est-il né, Mort cruelle, que de ta faux tu le moissonnes! O douleur! HARCOURT a succombé! Pleure, NORMANDIE: un trop légitime motif est donné à ta tristesse.

—

Où sont allés et la piété, et l'amour, et la Gloire incontestable des Parents, et l'honneur de notre Noblesse? COMTE plein de bonté, c'est prématurément que tu vis dans le Ciel, objet de tendresse pour ses Augustes Habitants.

———

Sans qu'il soit besoin d'Inscriptions, on aimera à se souvenir qu'ici gît HARCOURT en sa Jeunesse, en son Age mûr, et en sa Vieillesse. Apprenez, NORMANDS, apprenez par un si grand exemple quelles grandes espérances, hélas! a détruites un seul jour.

———

Que le temps dévore tout, Beauté, Biens, Force, Honneurs, la Vertu d'HARCOURT demeurera toujours tout entière. Seule, en effet, elle reste sûrement après les funérailles; la cultiver seule pendant la vie, c'est donc faire preuve de sagesse.

1717.

————————◦◦◦◦————————

M. Bouquet, qui a bien voulu faire cette traduction, pense que le sigle P. M. placé en tête de l'Inscription doit être lu : *Pia Memoria* ou *Piæ Memoriæ*.

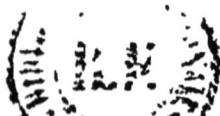

TABLE DES MATIÈRES.

ROUEN. — IMP. H. BOISSEL.